소통 / 창의 / 공감의 글쓰기

소통 / 창의 / 공감의 글쓰기

초판 발행 2022년 3월 10일
개정판 1쇄 발행 2024년 4월 26일

지은이 곽상인 · 박죽심 · 오혜진 · 장영희 · 정유화
펴낸이 박찬익
책임편집 권윤미
펴낸곳 ㈜박이정 **주소** 경기도 하남시 조정대로45 미사센텀비즈 8층 F827호
전화 031)792-1193, 1195 **팩스** 02)928-4683 **홈페이지** www.pijbook.com
이메일 pijbook@naver.com **등록** 2014년 8월 22일 제2020-000029호

ISBN 979-11-5848-680-8 03700

글쓰기

소통 / 창의 / 공감의

글쓰기의
기술과 윤리
다양한
문장쓰기
글쓰기의 과정

글쓰기를 통해
많이 읽는
많이 쓰는
많이 생각해야만
글쓰기는
완성 되리라
믿습니다.

곽상인 · 박죽심 · 오혜진 · 장영희 · 정유화 지음

(주)박이정

머리말

제4차 산업혁명 시대를 맞이하여 대학들마다 교양강좌 커리큘럼을 다각적으로 재조정하거나 재편성하려는 시도를 하고 있습니다. 이는 현재의 트렌드와 미래지향적인 교육 목표가 접목된 결과라 볼 수가 있으며, 한편으로는 창의성을 계발하여 융복합적인 인재를 양성하겠다는 사회전반적인 분위기가 반영된 결과로도 볼 수 있습니다. 이에 교양강좌를 담당하는 교수자는 시대의 변화를 인식하면서 보다 양질의 교육을 제공하기 위해 부단한 노력을 기울이고 있습니다.

〈글쓰기〉를 통해서 학생들은 교양과 지식융합, 소양 등을 함양할 수가 있으며, 이로써 제4차 산업혁명 시대를 이끌어갈 창의적이고 문제해결 능력이 강하며 협력 역량을 잘 갖춘 인재로 성장할 수 있을 것입니다. 아울러 국제사회의 변화에 대처할 수 있는 미래지향적인 적응능력을 함양할 수도 있습니다. 곧 〈글쓰기〉는 학생들의 비판적인 생각과 효과적인 글쓰기 능력, 그리고 의사소통과 토론 능력을 배양하는 데 도움이 되는 교과목입니다. 물론 글쓰기를 보다 원활하게 수행하기 위해서는 그 밑바탕에 독서(리터러시, literacy) 능력이 반드시 수반되어야 합니다.

왜냐하면 이러한 비판적인 글쓰기와 독서를 통해서 자기 생각을 정립할 수가 있으며, 아울러 타자에 대한 이해도를 높여 공감대를 형성할 수가 있기 때문입니다. 글쓰기 및 독서 행위는 사회구성원으로서 갖추어야 할 교양을 익히는 것이라 하겠습니다. 사회 전반적으로 통용되는 상식과 기본 소양, 사상과 문화 등등을 직·간접적으로 자기화하는 과정이 글쓰기와 독서를 통해서 이루어지는 것이기에 그러합니다. 그 안에서 자기를 발견하고 타자를 인식하고, 나아가서 세계와 조우하는 방법을 익히는 것은 매우 중요합니다.

본 교재는 다음과 같이 구성되었습니다.

Part I 에서는 글쓰기의 기초와 윤리를 배웁니다. 우선 왜 글쓰기가 필요한지를 묻는 것으로 교재의 내용이 시작되고, 글쓰기를 할 때 기본적인 뇌 활동이라 할 수 있는 '생각과 연상하기'를 배웁니다. 생각하고 연상된 것을 보다 효과적이면서 체계적으로 표현하기 위해서는 마인드맵과 브레인스토밍을 활용해보는 것도 하나의 방법입니다. 자기 생각의 뿌리를 확인하고, 생각의 스펙트럼을 무한대로 확장하는 것은 중요한 작업입니다.

또한 하나의 문제나 주제를 해결하기 위해서 여럿이 모여 의견을 나누는 브레인스토밍도 필요합니다. 그러나 실제로 글을 조합하는 과정에서 남의 글을 무단으로 가져오는 표절의 문제가 발생할 수도 있습니다. 따라서 글쓰기 윤리와 표절 문제도 살펴보았습니다. 저작권 문제가 강화되고 있는 현재, 표절로 그간 쌓아온 공들이 한 순간에 무너지는 상황을 미디어나 매체에서 종종 봐왔습니다. 이를 예방하는 방법을 배울 것입니다.

Part Ⅱ는 바른 문장 쓰기로 구성을 했습니다. 생각한 것을 맞춤법이나 표준어에 맞지 않게 표기하거나 소리 나는 대로 적으면 원활한 소통에 문제가 발생할 수 있습니다. 따라서 정확한 맞춤법과 표준어를 배우고, 바람직한 문장을 쓰기 위해서 어떠한 표현을 익혀야 하는지, 어떤 문장이 좋은 문장인지 등을 배웁니다. 그리고 단락 구성에 대한 이해를 통해서 실제로 글을 써보는 작업도 병행할 것입니다.

Part Ⅲ에서는 글쓰기의 과정을 배웁니다. 한 편의 글을 완성하는 작업은 집을 짓는 것과 같습니다. 따라서 글을 쓰기 위한 준비 단계를 익히면 자신이 전하고 싶은 메시지를 보다 명확하게 전달할 수 있을 것입니다. 그래서 실제로 한 편의 글에 삽입되는 화제 및 개요를 작성하는 법을 배웁니다. 이러한 과정이 끝나면 초고를 써야 하고, 완성된 초고가 좋은 글이 되기 위해서는 고쳐 쓰기를 반복적으로 수행해야 합니다.

Part Ⅳ에서는 난이도가 높은 학술적 글쓰기에 대해 배웁니다. 학술적 글쓰기가 무엇인지를 이해한 다음, 인용 및 각주 사용법을 배우고, 텍스트를 요약하거나 논평하는 방법, 그리고 보고서와 논문, 도표 분석 글쓰기도 배웁니다. 다른 Part에 비해서 학술적 글쓰기에서는 보다 엄정하고 객관적이고 분석적이고 논리적인 글을 써내야 합니다. 이때 전문가의 견해나 포털 사이트에 올라와 있는 증명되지 않은 글들을 무단으로 가져오면 표절의 문제가 발생합니다. 따라서 Part Ⅳ는 다른 Part에 비해서 신경을 써야 할 것이 많습니다.

Part V에서는 실용적 글쓰기를 배웁니다. 따라서 주로 글쓰기 실습에 치중하고 있는 내용이 많습니다. 자신을 표현하는 방법 및 이력서와 자기소개서 쓰는 방법, 시사적 글쓰기와 서평 쓰기에 대해서도 알아봅니다. 마지막으로 기획서(PBL) 및 협동 글쓰기를 배웁니다. 앞선 Part에서 이론적인 부분을 섭렵해야만 이 Part에서 실시하는 글쓰기를 원활하게 할 수가 있을 겁니다.

이러한 과정을 통해 학생들이 '글쓰기'에 재미를 갖게 되기를 바랍니다. 한 자씩 빈 칸을 채워나가는 창작의 기쁨도 느껴보시고, 역설적으로는 글쓰기가 얼마나 힘든 작업인지도 느꼈으면 합니다. 세상에 공짜는 없습니다. 많이 읽고 많이 쓰고 많이 생각해야만 글쓰기는 완성되리라 믿습니다. 이것이 바로 글쓰기 교육의 최종 목적지라 할 수가 있겠습니다. 글쓰기를 열정적으로 배우면서 인간에 대한 이해를 좀 더 키우면 좋겠습니다.

2022년 2월

저자 일동

· 목차

글쓰기의
기초와 윤리

1 글쓰기의 필요성

1 표현과 소통

단순하게 생각하자. 글쓰기는 왜 필요할까. 당연한 답변이 되겠지만 본인이 생각한 것을 어떤 식으로든 표현해야 하기 때문이다. 여기에서의 어떤 식이란 바로 언어의 사용을 말함이다. 우리는 사회 속에서 살아가야 하는 존재이기에 자신은 물론 다른 사람과의 대화를 통해 성장한다. 곧 사회생활을 하는 데 있어 기본적으로 필요한 활동이 바로 언어를 활용하는 것이다. 말을 하고 글을 쓴다는 것은 세계와 관계를 맺으면서 터득하고 경험한 사유와 통찰을 풀어내는 과정이기도 하다.

2 사유의 깊이 탐색

글쓰기는 자신이 경험하고 있는 대상(세계)을 인지하고 표현하는 활동이다. 사회화 과정을 거치면서 우리는 타자와 적절한 상호작용을 통해 성장한다. 그런데 다양한 매체의 출현으로 우리는 깊은 사유를 할 여유가 없어진 것이 사실이다. 따라서 세상을 어떻게 인식하고 있는지를 점검하기 위해서라도 사유의 깊이를 탐색하는 과정은 필요하다. 인터넷의 발달로 자신이 원하는 정보를 손쉽게 얻을 수 있는 유비쿼터스 세상이 도래했으나 그로 인해 논리적인 표현력, 텍스트 분석 및 문해력(리터러시) 등이 부족하여 의사소통에 애로를 느끼는 경우가 많다. 이에 종합적인 사고능력을 계발하고 깊이 있는 사유를 해야 스스로 성장할 수가 있으며, 온전한 사회생활도 가능해질 것이다. 그 사유의 깊이를 들여다볼 수 있는 유일한 것은 글로 표현된 것이라 하겠다.

3 글=자신의 얼굴

인터넷은 사람들 간의 소통방식을 획기적으로 바꾸면서 글쓰기 환경에도 지대한 영향을 끼친 시스템이다. 이 시스템이 현재에는 스마트폰 안에 들어와 있어서 글쓰기의 접근성은 매우 뛰어나다고 하겠다. 그러다 보니 글쓰기가 자유자재로 구현되고 있는 것은 사실이나, '글이 곧 그 사람의 얼굴'이라는 인식은 부족해 보인다. 왜냐하면 글이 소통의 중요한 수단이자 자신의 얼굴임에도 불구하고, 우리는 익명성 때문에 정제되지 못하고 조악한 언어를 사용하고 있기 때문이다. 따라서 글을 쓰는 이는 논리성이 결여된 표현을 삼가고, 자신이 써내고 있는 글이 상대방의 급소를 공격하고 있지는 않은지 살펴야 한다. 자주 읽고 생각하고 써보는 것이 좋은 글을 쓸 수 있는 최고의 방법이자, 자신의 얼굴을 아름답게 다듬는 행위라 하겠다.

4 읽기와 쓰기는 대학생활의 기본

실제로 우리나라 대학교에서 이루어지는 모든 지적 행위는 글쓰기와 말하기를 통해서라고 봐도 과언이 아니다. 간단한 자유형식의 글부터 에세이, 서평, 칼럼, 도표분석, 학술적 글쓰기에 이르기까지 모든 사유의 결과물은 단연 말보다 글로 활자화되어야 한다. 자신이 이해하고 있는 사고의 깊이는 물론, 자기 인식 체계의 명확한 틀을 보여주는 도구로 글보다 좋은 것이 있을까? 특히 글의 경우에는 언제나 수정 보완이 가능하고 보존 유지 기간이 길기 때문에 보다 중요한 소통과 표현의 매체가 된다. 최근의 경우 사회적으로 비대면이 장기화되고 있기 때문에 자신의 의사를 명확하게 전달하지 않으면 수많은 오해와 곡해를 야기할 수 있다. 그럴수록 보다 정확하고 정치한 글을 써내고자 하는 노력을 기울여야 한다. 이로써 자신과 타자, 또는 세계를 이해하면서 성장하고 성숙하는 자기의 정신세계를 글로 구현할 수 있게 될 것이다.

5 시대에 부응하는 행위

최근의 우리 시대를 '제4차 산업혁명 시대'라 말한다. 이에 인간의 상상력과 창의성은 사회발전에 있어 매우 중요한 동력이 되고 있다. 이러한 트렌드를 좇듯 우리나라 대학들도 학생들이 창의적이고 융복합적인 사유가 가능하게끔 커리큘럼을 새롭게 작성하고 있는 추세다. 이질적인 것들을 융합하여 새로운 것을 만들어내거나 분석하여 사회적 의미를 찾아내는 것, 그리하여 사회의 발전 방향을 제시하는 것이 최근의 경향이라 하겠다. 오늘날 현대사회가 요구하는 인간형은 독창성과 창의성을 겸비하면서도 대상을 융합적으로 바라보면서 유의미한 결과물을 창출해낼 수 있는 인재라 하겠다. 여기서 창의는 독특한 발상, 상상, 유창성, 민첩성 등을 포함하는 능력이라 하겠는데, 이를 표현하는 것은 글이 있기에 가능하다. 아무리 좋은 아이디어가 있다고 하더라도 사고한 것을 글로 표현해내지 못하면 무용하다. 아는 만큼 보이는 것이며, 구슬이 서말이라도 꿰어야 보배인 것이다.

6 사회생활의 필수적 행위

간단한 아르바이트를 구하려고 해도 요즘은 그 업주가 피고용자에게 이력서나 자기소개서, 포트폴리오를 요구하는 경우가 많다. 입사하기 전에 지원자는 글을 통해서 자신의 창의성과 역량을 표현해야 한다. 따라서 자기소개서나 이력서를 소홀히 작성해서는 안 된다. 자신의 앞날을 결정지을 수 있는 매우 중요한 문서가 될 수 있기 때문이다. 특히 포트폴리오를 요구하는 경우는 더욱 신경써야 한다. 포트폴리오란 학생이 쓰거나 만든 작품을 지속적이면서도 체계적으로 모아 둔 개인별 작품집 혹은 서류철 모음집 등으로 정의내릴 수 있다. 따라서 대학생활 때 완성한 결과물을 따로 보관해둘 필요가 있다. 왜냐하면 포트폴리오를 보면 자신이 이룩해 놓은 그간의 성과를 한 눈에 살펴볼 수가 있기 때문이다. 그 성과를 자기 업무와 연결하면 업무 능력 향상에 도움이 될 수 있다.

기획과 프레젠테이션도 중요하다. 기획은 계획을 수립하고 집행하는 과정이기에 미래지향적인 활동이다. 아울러 목표 성취를 위한 수단을 강구하는 과정이므로, 개인은 물론 조직의 능력 향상에도 영향을 끼치는 활동이기도 하다. 특히 프레젠테이션은 말과 글이 접목된 역동적인 형태라고 보면 된다. 프레젠테이션을 시행할 때에도 스크린에 펼쳐지는 글은 중요한 전달 수단이 될 수가 있기 때문에 청중을 위해서라도 표준어 규정에 맞는 언어를 정확히 사용해야 한다. 이미지를 사용할 때에도 그것이 내용을 전달하는 데 있어 반드시 필요한 것인지를 항상 염두에 두어야 한다.

7 글쓰기는 자기성장의 지름길

글쓰기는 간단한 메모를 하는 행위부터 베스트셀러를 써낼 정도로의 생산력 있는 활동까지를 포함한다. 자신의 무엇이 약하고 부족한지, 그래서 무엇을 갈망하고 채워야하는지를 끊임없이 상기하는 과정이 바로 글쓰기라 하겠다. 그 목표한 바를 기록하는 것이야말로 자신의 밝은 청사진을 구축하는 밑거름을 마련하는 행위가 될 것이다. 그렇지 않으면 목표점이 흔들리거나 바뀌게 되면서 자신이 애당초 계획했던 것들이 수포로 돌아갈 수 있다. 자기 인성을 가꾸고 사회의 다양성을 받아들이면서 자기-반성적, 자기-치유적, 자기-분석적인 글을 쓰면 성장의 지름길로 인도될 것이다. 요컨대 글쓰기는 자신의 삶을 풍요롭게 하는 매우 고귀한 행위다.

⊘ 자신(나)의 입장에서 볼 때, 글쓰기는 왜 필요한지를 생각해보자.

_____

_____

_____

_____

_____

_____

⊘ 글을 썼을 때 어려웠던 적은 언제였으며, 어떤 것이 구체적으로 어려웠
는지를 생각해보자.

_____

_____

_____

_____

_____

_____

⊘ 글쓰기를 통해서 무엇을 얻고 싶은지 생각해보자.

_____

_____

_____

_____

_____

_____

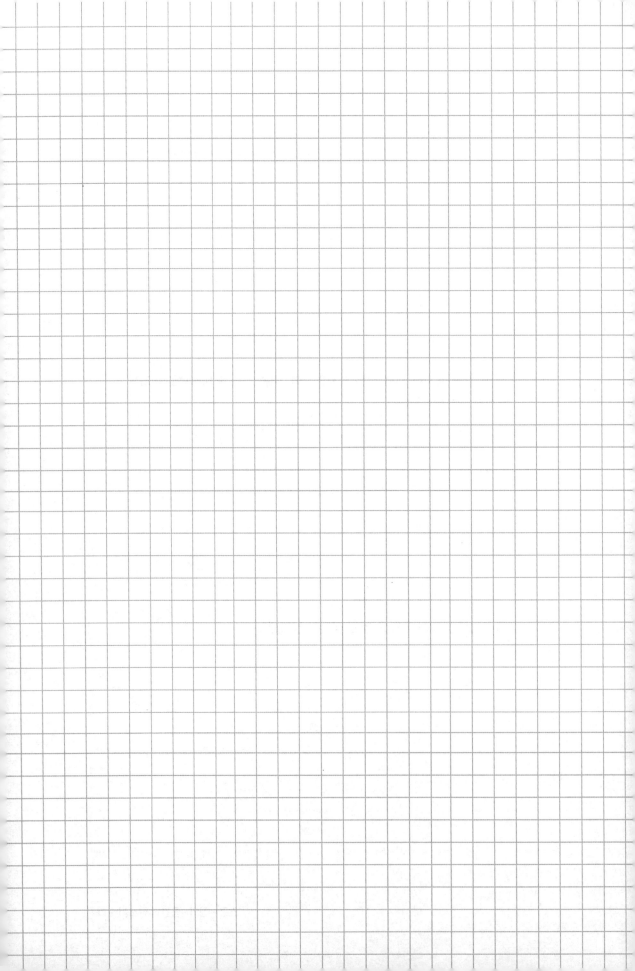

2 생각과 연상하기

1 생각과 연상

'인간은 생각하는 동물이다.'에 대해 이견이 있는 사람은 없을 것이다. 그만큼 생각을 통하면 사유의 스펙트럼이 확장되고 자신 또한 성숙해나갈 수 있다는 얘기다. 다만 그 생각한 것을 표현하려면 글이 필요하고, 생각이 글로 표현되어야만 그 가치를 인정받을 수가 있다. 따라서 자신의 생각을 논리정연하게 정리하는 기술이야말로 글쓰기가 아닐까 싶다. 아무리 좋은 아이디어가 있다 하더라도 다른 사람들에게 활자화되어서 설명되지 못하면 인정받기 어렵다. 깊이 있는 생각을 해야만 궁극적으로 글을 잘 쓸 수가 있다. 머릿속에 떠오르는 단상을 즉흥적으로 써내려 가면 완벽한 글을 완성하기가 어려울 것이다. 한 편의 글은 단어와 단어의 연결, 문장과 문장의 연결, 문단과 문단의 연결이 자연스러울 때 완성된다. 따라서 자신의 생각을 정리하는 훈련이 필요하다.

쓰고자 하는 주제나 현상에 대해 문제의식을 갖는 것, 주제를 반성적으로 생각해보는 것, 글을 쓰는 목적과 그 가치를 염두에 두는 것, 독자를 상정해두는 것 등은 좋은 태도라 하겠다. 자신의 생각을 명확히 설정하는 것은 좋은 문장으로 곧바로 이어지기에 그렇다. 자신의 생각이 어떻게 작용하는지 점검하려면 글로 표현해야 한다. 어설프고 엉성하더라도 일단 글로 표현해내고 나중에 수정하면 된다. 또한 독자의 입장에서 글을 써보는 것도 좋다. 독자들이 수긍할 만한 내용인지, 논리는 타당한지, 자신의 입장을 보완해주는 객관적 근거는 명확한지 등등을 살펴야 한다. 그러한 생각들이 모이고 쌓이면 논리적인 빈틈을 메울 대안들이 생길 것이고, 그러면 자신의 글쓰기 능력에 대한 신뢰도 쌓일 것이다.

한편 연상은 글을 쓸 때에 필요한 방법이자 생각하는 힘과 사고의 깊이를 측정하는 것이기도 하다. 연상을 통해 떠오르는 단어의 수는 생각하는 힘의 크기와 비례한다. 머릿속에 떠오른 생각을 담을 어휘가 많을수록 문장은 다채로워진다. 두서와 맥락이 없더라도 일단 떠오르는 생각들을 메모해두는 습관을 기르는 것이 좋다. 깊이 생각한다는 것은 대상에 대해 많은 생각을 한다는 것과 같다. 따라서 깊이 생각하면 그것과 관련된 연상이 많아지게 된다. 자유 연상을 통하면 생각하는 힘의 정도, 본인의 경험과 지식, 지혜의 크기 등을 확인할 수 있다. 아울러 연상은 자신의 직간접적인 경험을 연결시키는 능력이다. 그 경험을 일깨우기 위한 방법으로 흔히 '브레인스토밍'과 '마인드맵'을 활용한다. 브레인스토밍은 말 그대로 머릿속에 폭풍을 일으키는 일이다. 곧 자신의 (무)의식 속에 잠재해 있는 갖가지 아이디어를 일깨워 의미 있는 생각으로 표현하는 사고 전략이다. 이는 자유로운 발상을 통해 떠올랐던 아이디어를 정리하면 그만이다. 그 가운데에서 글쓰기에 소용될 만한 관념을 간추리면 된다. 마인드맵 그리기 역시 체계적인 연상활동이라 하겠다. 생각의 지도를 그림으로써 복잡한 문제에 가깝게 접근하는 방식이 마인드맵이다. 따라서 자신의 생각을 연결하고 도식화해서 표현하는 게 중요하다.

2 연상기법(Association Method)

연상은 쉽게 말해 자기 생각의 '끝 간 데 없음'을 확인하는 작업이라 할 수가 있다. 예컨대 특정한 단어가 제시되면 그와 연관된 단어들을 연결하고 확장하는 것이 연상이라 하겠다. 이때 우리는 키워드로 주어진 대상에 대해 유사성과 인접성을 근거로 다른 단어들을 연상하여 나열한다. 이러한 작업이 지속되면 우리는 생각하는 힘을 길러 사고를 한층 더 깊게 가져갈 수가 있으며, 개인의 경험세계를 더듬어 현재의 삶을 개선할 수도 있다. 이뿐만이 아니다. 보다 밝은 미래의 청사진을 연상기법으로 그려낼 수 있다. 이처럼 연상기법은 다양한 생각을 확인하는 과정이라 하겠다.

☑ '우리 대학교'를 생각하면 떠오르는 이미지가 무엇인지 적어보자.

_____

_____

_____

_____

_____

_____

☑ 아래의 단어를 활용하여 연상되는 낱말을 최소 10개씩 찾아보자.
〈고양이 – 설렁탕 – 손수건 – 향수 – 청소기 – 형광등 – 운동화〉

_____

_____

_____

_____

_____

_____

_____

☑ 떠오르는 감정 언어를 5분 안에 가능한 한 많이 써보자.
　(예: 기쁘다, 놀랍다 등등)

_____

_____

_____

_____

_____

_____

_____

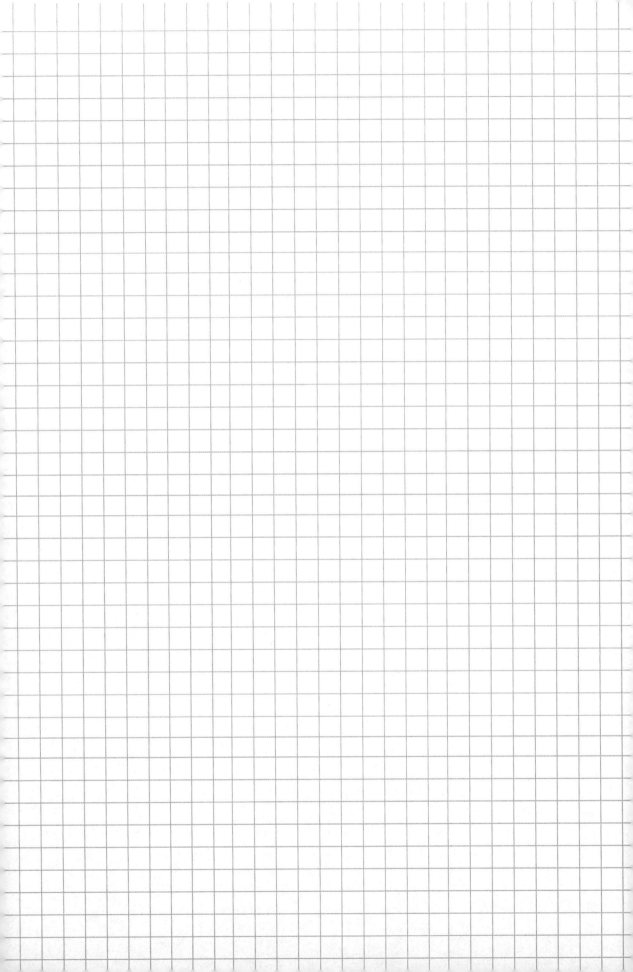

3 좋은 글을 쓰기 위한 준비 단계

글쓰기는 나를 표현하는 수단이자 타인과 효과적으로 소통하는 매개이기도 하다. 우리는 일상생활에서 메신저나 SNS를 비롯해 다양한 글쓰기를 수행하고 있다. 사적 공간에서 주고받는 메시지나 메일을 쓰는 것은 어렵지 않다. 하지만 공적 공간에서 쓰는 글은 지켜야 할 형식이 있고, 목적에 맞게 글도 써야 한다. 평소 글쓰기를 훈련하지 않으면 좋은 글을 쓰기가 어렵다. 본격적인 글쓰기에 앞서 '자기 진단 테스트'를 해보자.

번호	다음 질문에 O나 X로 답하시오	O	X
1	글쓰기가 재미있고 실제로 자주 쓰고 있다.		
2	작가나 신문기자 등 문필가가 되겠다고 생각한 적이 있다.		
3	같은 문장어미(文尾)가 계속된 글을 보면 신경이 쓰인다.		
4	이메일을 쓸 때, 맞춤법에 신경을 쓰는 편이다.		
5	도서관이나 공공기관의 자료실을 자주 이용한다.		
6	신문이나 잡지를 보다가 잘된 글을 보면 오려두거나 적어 둔다.		
7	TV에서 어법에 틀린 말이 흘러나오면 신경이 쓰인다.		
8	모르는 말은 꼭 국어사전을 찾아 확인한다.		
9	1년에 10차례 이상 편지나 엽서를 쓰고 있다.		
10	자기 전공이 아닌 분야의 책도 자주 읽는다.		
11	다른 사람이 어구나 한자에 대해 자주 물어온다.		
12	작문이나 리포트로 칭찬 받은 적이 있다.		
13	남을 감동시키는 이야기를 하는 경우가 많다.		
14	베스트셀러 등 화제가 되는 책을 사보는 편이다.		
15	격언, 명언, 일화 등을 많이 알고 있는 편이다.		
16	글을 쓰기 위해 사자성어나 속담 등을 따로 공부한 적이 있다.		
17	다른 사람의 부탁으로 글을 쓴 적이 있다.		
18	현재 일기를 쓰고 있거나, 한때 1년 이상 일기를 쓴 적이 있다.		
19	글쓰기에 관련된 책을 사본 적이 있다.		
20	한 달에 한 번 이상 책방에 들른다.		

〈장진한 외, 『글쓰기, 잘라서 읽으면 단숨에 통달한다』(행담, 2003) 참조〉

■ **각 항목 점수는 5점임. O를 선택하면 5점, X를 선택하면 0점임.**

- 0~20점: 많은 노력이 필요함. 점수가 낮다고 해서 결코 절망하지 말 것.
- 21~40점: 연습하면 잘 쓸 수 있음. 지금부터 당장 글쓰기 습관을 기르기 바람.
- 41~60점: 일상에서 문장을 표현하는 데 지장 없음. 조금만 노력하면 문장가 가 될 수 있음.
- 61~80점: 문장력을 업무에 활용할 수 있음. 그렇다고 해서 자만하는 것은 금물.
- 81~100점: 문필을 직업으로 삼을 정도임. 그렇다고 해서 현재 자신의 꿈을 바꾸지는 말 것.

진단 테스트 결과 60점 미만을 획득했다면 좋은 글을 쓰도록 노력하고, 그 이상을 획득했다면 그 습관을 유지해도 된다. "천릿길도 한 걸음부터"라는 속담이 있다. 첫발을 떼는 것이 중요하다. 당장 오늘부터 작은 것이라도 시작해보면 어떨까. 하루에 몇 장이라도 책 읽기를 시작하고 단 몇 줄이라도 글을 쓰다 보면 어느 순간 조금씩 글쓰기 근육이 붙어 있을 것이다. 그 첫걸음으로 진단 테스트 결과에 대한 소감을 한 단락으로 써 보자.

2 좋은 글을 쓰기 위한 체크 리스트

평소 글 쓸 때의 습관을 떠올려보자. 무언가를 써야 하는 처음부터 글을 퇴고하는 마지막까지 글쓰기 과정을 다음 '체크 리스트'와 비교해보고 문제점은 없었는지 살펴보자. 내 글의 문제점을 아는 것이 좋은 글을 쓰는 출발점이 될 수 있다. 글쓰기 단계를 밟아 글을 쓰는 습관을 들이면 완성도 높은 결과물을 만들 수 있을 것이다.

	글의 목적과 의도를 분명히 알고 있다.	☐
예비단계	자기 글의 독자가 누군지 미리 생각한다.	☐
	관련 자료를 충분히 수집한다.	☐
	다양한 아이디어를 떠올리며 꾸준히 메모한다.	☐
	자신의 경험을 글과 관련시켜 이해하려고 애쓴다.	☐
	친구들과 이야기를 나눈다.	☐
	직접 쓰는 시간보다 준비하는 데 더 많은 시간을 할애한다.	☐
	모인 자료와 메모를 검토하고 분류할 줄 안다.	☐
글쓰기	글을 쓰기 전에 글의 전체적인 개요를 짜본다.	☐
	전체 흐름에 따라 초고 형태로 미리 써본다.	☐
	빨리 시작하고 천천히 마무리한다.	☐
퇴고하기	초고를 완성한 후에는 고쳐쓰기를 한다.	☐
	세부적인 내용보다 전체적인 유기적 관계를 먼저 검토한다.	☐
	소리 내어 읽으면서 수정한다.	☐
	문장의 리듬은 물론, 글 전체의 유기적 관계를 생각한다.	☐
	맞춤법, 어휘, 문장, 단락의 관계와 통일성 등을 염두에 두면서 수정한다.	☐
	효과적인 표현 방법을 찾는다.	☐
	제목이 적절한지 검토한다.	☐
	글자 크기와 모양, 여백, 줄과 행의 간격 등 편집 디자인을 고려한다.	☐
	다른 사람에게 내 글을 읽어보도록 한다.	☐
	다른 사람의 조언에 마음이 상하지 않는다.	☐

〈장미영, 『백지 공포증이 있는 대학생을 위한 글쓰기』(북오션, 2010) 참조〉

위 체크 리스트를 보고 글을 쓰는 시작부터 마지막까지 여러 단계가 있다는 것에 놀란 학생도 있을 것이다. 글쓰기는 학교 생활을 비롯해 일상 생활이나 사회 생활에서 선택이 아니라 필수적으로 갖춰야 할 핵심 능력이다. 체크 리스트를 보고 글쓰기 과정에서 나타난 문제점을 발견했다면 구체적인 개선 방안을 글로 써보는 것도 필요하다.

4 글쓰기 윤리와 표절 문제

1 글쓰기 윤리와 표절의 문제

　최근 저작권법이 강화되면서 학문 윤리는 매우 중요한 관심사가 되었다. 정치 경제는 물론 여러 사회 분야에서 표절 관련 사건들이 심심치 않게 보도되고 있다. 특히 문학과 예술 분야에서는 더더욱 원작자와 표절작가 간의 다툼이 자주 도마 위에 오르곤 한다. 이것은 인간의 창의적 활동 및 학문의 윤리가 얼마나 중요한 것인지 깨닫게 해주는 대목이라 하겠다. 이러한 사정은 진리를 탐구하는 대학 내에서도 비일비재하게 발생한다. 간단히 작성해도 될만한 에세이에서부터 각종 보고서(실험보고서, 논문 등등)에 이르기까지 기존 연구자들이 공들여 만든 결과물을 무단으로 사용하여 표절하는 것을 심각한 문제로 인식하지 못하는 듯하다. 대학이라는 공간에서부터 정직성에 기초한 학문 탐구 과정을 익혀야 하고, 반드시 표절을 하지 않겠다는 양심적 글쓰기를 실천해야 한다.

2 표절의 개념과 기준

　일반적으로 표절은 다른 사람의 글, 창작품 등을 "아무런 인용 표시 없이" 그대로 가져다 쓰는 것을 말한다. 우리나라는 정확한 법적 기준이 없지만 보통 네 어절 이상을 그대로 따 온 경우 표절이라고 본다. 이처럼 표절은 윤리적 도덕적으로 뿐만 아니라 법적으로도 심각한 상태를 야기하고 있다. 그런 만큼 우리는 이제부터라도 표절의 심각성을 알고 이로부터 벗어날 수 있는 지혜로운 방안을 마련해야 한다.

표절의 기준에 대해서는 하버드 대학의 경우를 간략히 살펴보자. 하버드대학교는 표절의 범위를 크게 네 가지로 분류하고 있다. 첫째 출처를 명시하지 않고 무단 전재한 정보나 데이터, 둘째 무단 전재한 아이디어, 셋째 인용부호 없는 축약문, 넷째 출처를 밝히지 않은 글 구조 인용이 그렇다. 요컨대 남의 글을 가져올 때에는 분명하고 정확하게 출처를 밝히라는 얘기다. 이것만 잘 챙겨도 표절로부터 우선 자유로울 수가 있는 것이다.

표절을 했을 경우, 처벌이 얼마나 무거운지에 대한 짧은 사례를 살펴보자.

공모전 휩쓴 '표절 달인' 손창현… 또 표절로 상 받았다

지난 1월 다른 사람의 문학 작품 등을 표절해 각종 공모전에서 상을 휩쓸어 논란이 됐던 손창현 씨가 9개월 만에 또 다시 남의 작품에 손을 댄 사실이 밝혀졌다. 손 씨는 지난달 A 문인협회가 주최한 백일장 대회에 '내게 준 선물 또 하나의 행복'이라는 제목의 산문을 출품했다. 협회는 심사를 거쳐, 지난 9일 공식 홈페이지에 수상자를 발표했다. 손 씨는 상금이 없는 '참방상'을 수상했다. 그러나 12일 협회는 돌연 손 씨의 수상이 취소됐다고 공지했다.

그가 낸 산문이 표절작이었기 때문이다. 손 씨는 2008년 '전국 이민자 정착 우수사례 발표회'에서 필리핀 이주 여성의 글을 제목만 바꿔 협회에 제출한 것으로 확인됐다. 협회 관계자는 20일 조선닷컴에 "공식적으로 수상작 발표를 하기 전, 제보가 들어왔다. 원문을 찾아내 표절 사실을 밝혀냈고 즉시 손 씨의 수상을 취소했다"고 밝혔다. 협회 관계자가 손 씨에게 '왜 남의 글을 훔쳤냐'고 묻자 손 씨는 곧바로 "죄송하다"고 사과했다고 한다.

손 씨는 최근 제주도 산하 연구기관에서 진행한 '제주어 공모전'에서 산문 '옛날에는'으로 대상 수상자 명단에 이름을 올렸다. 대상 상금은 100만원이었다. 하지만 이 작품 역시 도용이었다. 원본은 리포트 공유 누리집인 '해피캠퍼스'에서도 누구나 볼 수 있었다. 19일 제주학연구센터는 표절 제보를 받고, 즉시 손 씨의 수상을 취소했다.

지난 1월 단편소설 '뿌리'로 2018 백마문화상을 받은 김민정 작가는 자신의 페이스북에 "제 소설 본문 전체가 무단도용됐으며 제 소설을 도용한 분이 2020년 무려 다섯 개의 문학 공모전에서 수상했다"고 밝혔다. 김 작가의 작품을 통째로 베낀 인물은 바로 손창현 씨였다. 손 씨는 또 가수 유영석 씨의 노래 후렴 가사를 자작시인 것처럼 공모전에 제출해 상을 받기도 했다.

손창현 씨는 지난 1월 21일 CBS라디오 '김현정 뉴스쇼'에서 그동안 30~40여 개의 공모전에 참여했고, 출품작 3분의 1 정도가 타인의 작품이라고 인정했다. 이 같은 일을 저지른 이유에 대해선 '상을 받는 보상심리' 때문이라고 했다. 2017년 공군 소령 진급을 앞두고 부대에서 발생한 사고로 불명예 전역을 한 손 씨는 그때 충격으로 공모전에 도전하기 시작했다고 한다.

그는 "불명예 전역을 당하니 제 삶을 다 잃은 것 같았다. 자존감이 너무 떨어져 가끔 친한 사람들에게 소셜미디어에서 뭘 보여주고 싶었다. 상을 받으면 나에 대한 존재대로 알아주는 곳이 있구나. 취업은 매번 떨어져도 이런 식으로라도 상을 받으면 되게 기뻤다"고 말했다. 피해자들을 향해선 "그분들을 찾아뵙고 사과를 드리고, 무릎을 꿇고 그다음에 도의적으로, 법적으로 모두 책임을 지겠다."고 했다.

반성하겠다던 손 씨는, 9개월 전과 달라진 게 없었다. 여전히 남의 작품을 도용하고 있었다. 여러 차례 논란이 됐던 손 씨를 걸러내지 못한 허술한 검증 시스템도 문제. A협회는 문제를 크게 일으키고 싶지 않다며, 손 씨에 대한 법적 대응은 고려하지 않는다고 밝혔다.

– 김소정 기자, 「공모전 휩쓴 '표절 달인' 손창현… 또 표절로 상 받았다」, 『조선일보』, 2021. 10. 20.

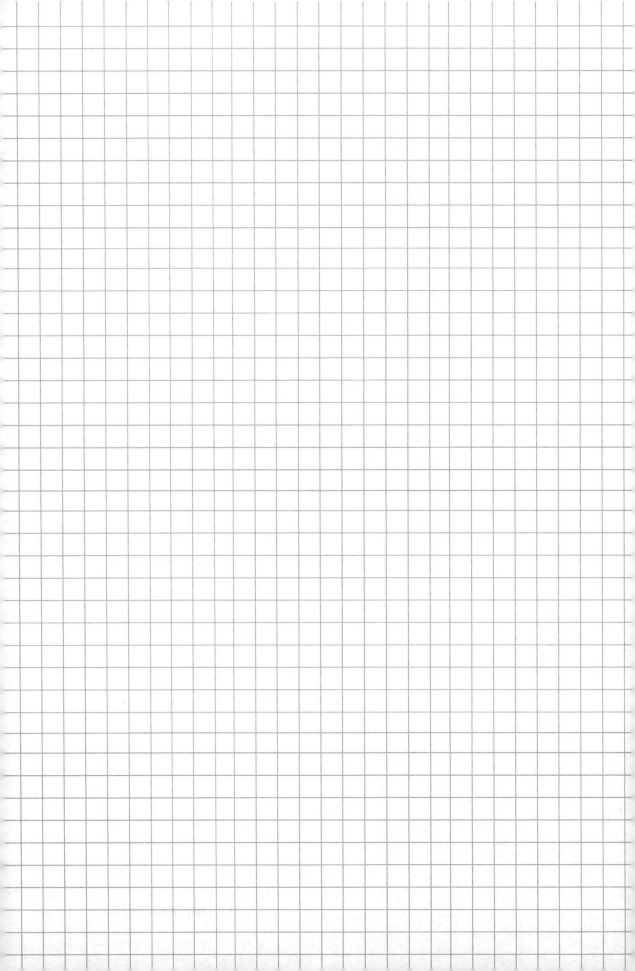

바른
문장
쓰기

1 맞춤법과 표준어

한글 맞춤법은 1933년에 조선어학회에서 제정한 '한글 맞춤법 통일안'과 '사정한 조선어 표준말 모음(1936)'을 기반으로 몇 번의 개정을 거쳤다. 현재 우리가 쓰고 있는 한글 맞춤법과 표준어는 1988년에 제정되어 1989년부터 시행되고 있다. 시대 변화에 따른 언어의 변화 또한 지속적으로 이루어지고 있다. 빠르게 생겨나는 신조어는 표준어로 일부 인정되기도 하지만 유행이 지나면 금세 사라지기도 한다.

언어는 사회적 약속이며 자신을 표현하는 가장 효과적인 수단이다. 개인의 언어는 그 시대를 반영함과 동시에 자신의 정체성과 품격을 보여준다는 점에서 올바른 언어 사용이 요구된다. 맞춤법은 교양인의 품위 있는 언어생활에 꼭 필요한 요소이다.

⋯ 한글 맞춤법

한글 맞춤법 총칙

제1항 한글 맞춤법은 표준어를 소리대로 적되, 어법에 맞도록 함을 원칙으로 한다.
제2항 문장의 각 단어는 띄어 씀을 원칙으로 한다.
제3항 외래어는 '외래어 표기법'에 따라 적는다.

표준어 총칙

제1항 표준어는 교양 있는 사람들이 두루 쓰는 현대 서울말로 정함을 원칙으로 한다.

※ 국립국어원(www.korean.go.kr)에서는 개정된 맞춤법과 표준어를 지속적으로 발표하고 있으며 혼동하기 쉬운 낱말을 검색하는 기능도 제공한다. 또한 표준국어대사전이 등재되어 있으니 이를 잘 활용하는 것도 글을 잘 쓰는 한 방법이다.

한글 맞춤법 총칙 1항에서는 한글을 표기하는 데 있어 두 가지 원칙을 제시한다. 표준어를 소리 나는 대로 적되, 어법에 맞도록 써야 한다는 것이다. 한글은 표음문자이기 때문에 소리 나는 대로 표기하는 것이 원칙이되 소리 나는 대로만 적지 않는다. 우리말은 음운 변동이 있어 소리 나는 대로 적으면 뜻을 파악하기가 쉽지 않다. 또 같은 표현이 여러 개일 경우 혼동을 가져올 수 있어서 본래의 형태소나 어원을 밝히는 예외규정을 두었다. 현재의 맞춤법은 표음주의와 형태주의를 수정·절충한 것이다.

> ㄱ. 여자(女子), 연세(年歲), 익명(匿名)
>
> ㄴ. 남녀(男女), 당뇨(糖尿), 결뉴(結紐), 은닉(隱匿)
>
> ㄷ. 신여성(新女性), 공염불(空念佛), 남존여비(男尊女卑)

한글 맞춤법 "소리에 관한 것"으로, (ㄱ)은 두음법칙에 따라 한자음 'ㄴ'이 첫머리에 올 때는 'ㅇ'으로 적는다. (ㄴ)은 'ㄴ'이 첫머리가 아닌 경우에는 본래대로 쓴다. (ㄷ)은 접두사처럼 쓰이는 한자어가 붙은 '신여성', '공염불'이나 합성어인 '남존여비'에서는 두음법칙에 따라 'ㅇ'으로 적는다.

> ㄱ. 넘어지다, 늘어나다, 들어가다, 벌어지다, 엎어지다, 흩어지다.
>
> ㄴ. 드러나다, 사라지다, 쓰러지다.
>
> ㄷ. 이리 오시오, 안녕히 계십시오.
>
> ㄹ. 이것은 책이요, 저것은 붓이요, 또 저것은 먹이다.

한글 맞춤법 "형태에 관한 것"으로, 두 개의 용언이 한 개의 용언이 될 때 앞말의 본뜻이 유지되고 있는 것은 (ㄱ)처럼 원형을 밝혀 적고, (ㄴ)처럼 본뜻에서 멀어진 것은 소리 나는 대로 적는다. (ㄷ)은 종결형 어미 '오'는 '요'로 소리 나더라도 원형을 밝혀 '오'로 적고, (ㄹ)처럼 연결형 어미는 '이요'로 적는다.

ㄱ. 귓밥, 나룻배, 나뭇가지, 햇볕/샛강, 텃세, 햇수

ㄴ. 멧나물, 아랫니, 텃마당, 아랫마을/곗날, 제삿날, 툇마루

ㄷ. 두렛일, 베갯잇, 깻잎, 나뭇잎/예삿일, 훗일

ㄹ. 곳간(庫間), 셋방(貰房), 숫자(數字), 찻간(車間), 툇간(退間), 횟수(回數)

한글 맞춤법 "형태에 관한 것"으로 사이시옷에 관한 규정이다. 순우리말로 된 합성어나, 순우리말과 한자어로 된 합성어에서 (ㄱ)처럼 뒷말의 첫소리가 된소리로 나는 경우, (ㄴ)처럼 뒷말의 첫소리 'ㄴ', 'ㅁ' 앞에서 'ㄴ'소리가 덧나는 경우, (ㄷ)처럼 뒷말의 첫소리 모음 앞에서 'ㄴㄴ'소리가 덧나는 경우 사이시옷을 넣는다. 한자어로만 이루어진 합성어에는 원칙적으로 사이시옷을 적지 않지만 (ㄹ)은 예외적으로 고유어로 인정해 사이시옷을 붙인다.

ㄱ. 맞추다(입을 맞춘다, 양복을 맞춘다)/뻗치다(다리를 뻗친다, 멀리 뻗친다)

ㄴ. -던, -던지/-든, -든지

ㄷ. 거름/걸음, 그러므로(그러니까)/그럼으로(써), 바치다/받히다

ㄹ. 로서/로써

한글 맞춤법 "그 밖의 것"에 대한 규정이다. (ㄱ)은 '주문하다'의 의미와 '맞도록 하다'는 의미 둘 다 '맞추다'로, '한쪽 끝에서 다른 쪽 끝까지 닿다'는 의미와 '뻗다'의 강세어 모두 '뻗치다'로 구분 없이 한가지로 적는다. (ㄴ)에서 '-던'은 지나간 일을 나타낼 때, '-든'은 물건이나 일의 내용을 가리지 아니할 때 사용한다. (ㄷ)은 발음이 같더라도 뜻이 다르기에 각각 구별하여 적는다. (ㄹ)에서 '로서'는 자격을 나타내는 조사로, '로써'는 수단이나 방법을 나타내는 조사로 쓴다.

한글은 자음과 모음으로 이루어진 음소문자이지만 음절 단위로 뜻이 표현된다. 띄어쓰기가 정확하지 않으면 의미 전달이 불분명하고 글의 가독성이 떨어진다. 띄어쓰기는 한글 맞춤법에 명시되었듯이 각 낱말은 띄어 쓰는 것을 원칙으로 하고, 조사는 자립성이 없기 때문에 앞말에 붙여 쓴다.

ㄱ. 아버지가죽을드신다.

ㄴ. 아버지가 죽을 드신다

ㄷ. 아버지 가죽을 드신다.

띄어쓰기를 제대로 하지 않으면 내용을 정확하게 이해하기 어렵고 글쓴이의 의도가 왜곡될 수 있다. 위 예문의 경우, (ㄱ)은 띄어쓰기를 전혀 하지 않아 어떤 의미인지 파악하기가 쉽지 않다. (ㄴ)과 (ㄷ)으로 쓸 경우 각각 다른 의미로 전달된다. 글의 공신력을 높이기 위해서라도 올바른 띄어쓰기는 필수적이다.

ㄱ. 그는 일본 **문학보다** 프랑스 문학을 더 좋아한다.

ㄴ. 민수는 **선생님으로부터** 꾸지람을 들었다.

ㄷ. **너뿐만이** 아니라 우리 모두 걱정하고 있어.

ㄹ. 그 일로 직장을 **그만둘지라도** 후회하지 않는다.

ㅁ. 출산율이 **낮아질수록** 청년 세대 부담이 늘어날 수 있다.

ㅂ. 비록 형편이 **어려울지언정** 부정한 일은 하지 않겠다.

예문 (ㄱ) · (ㄴ) · (ㄷ)의 진한 부분은 어절이 길어서 띄어쓰기를 해야 할 것 같지만 조사이므로 앞말에 붙여 써야 한다. 예문 (ㄹ) · (ㅁ) · (ㅂ)의 '-ㄹ지라도', '-ㄹ수록', '-ㄹ지언정' 역시 하나의 어미이므로 붙여 써야 한다.

ㄱ. 아는 **만큼** 보인다.

ㄴ. 학교를 떠난 **지**가 오래다.

ㄷ. 옷 **한 벌**로 한 계절을 버틸 생각을 하다니.

ㄹ. 이번 겨울에는 북어 **한 쾌**를 사서 나눠야겠다.

ㅁ. 손정민 선생, 김민식 박사, 김 부장

ㅂ. 한국 대학교 인문 대학/한국대학교 인문대학, 한강 여자 고등학교/한강

　　여자고등학교

　　예문 (ㄱ) · (ㄴ)은 의존 명사, (ㄷ)과 (ㄹ)은 단위를 나타내는 명사이므로 띄어 써야 한다. (ㅁ)과 같이 호칭이나 직책, 관직명은 띄어 써야 하고, (ㅂ)같은 학교명이나 전문 용어의 경우 띄어 씀이 원칙이나 붙여 쓸 수 있다.

3 　외래어 표기법

　　외래어는 원래의 발음을 따라 적는 것이 일반적인 원칙이다. 다만 파열음 표기에는 된소리(ㄲ, ㄸ, ㅃ, ㅆ, ㅉ)를 원칙적으로 쓰지 않는다. 종성에는 'ㄱ, ㄴ, ㄹ, ㅁ, ㅂ, ㅅ, ㅇ' 일곱 글자만 쓴다.

ㄱ. 까페, 떼제베, 르뽀, 씨스템/ 카페, 테제베, 르포, 시스템

ㄴ. 커피숖, 디스켙 , 케잌, 굳모닝/ 커피숍, 디스켓, 케이크, 굿모닝

ㄷ. 티임, 스키이, 루우트, 오오사카/ 팀, 스키, 루트, 오사카

ㄹ. 비젼, 쥬스, 스케쥴, 챠트/ 비전, 주스, 스케줄, 차트

　　외래어는 반드시 필요한 경우에만 사용해야 한다. 언론이나 일상생활에서 무분별한 외래어 사용이 적지 않은데 우리말로 표현하기에 적합하지 않을 때만 외래어를 사용한다. (ㄱ) 파열음 표기에는 된소리를 쓰지 않아야 한다. (ㄴ) 종성(받침)에는 'ㄱ, ㄴ,

ㄹ, ㅁ, ㅂ, ㅅ, ㅇ'만 사용해야 한다. (ㄷ) 장모음의 장음은 따로 적지 않는다. (ㄹ) 'ㅈ, ㅊ' 발음이 모음 앞에서 '쟈, 져, 쥬, 챠, 츄'로 될 때는 '자, 저, 주, 차, 추'로 적는다.

연습문제

1. 다음 글에서 어색한 부분을 바르게 고쳐보자.

① 어렸을 때 내가 살았던 집은 목조 주택이었다.

② 어떻해, 길이 막혀 면접 시간에 늦겠어.

③ 드디어 우리는 목표에 도달하게 됬다.

④ 기말고사까지 몇 일이 남았는지 세어보았다.

⑤ 요즘 감기는 독해요. 감기약 먹고 빨리 낳으세요.

⑥ 넌 집에 가도 돼지만, 철수는 집에 가면 안 되.

⑦ 이제 네 방 청소는 스스로 하기를 바래.

⑧ 우리 윗층은 너무 시끄러워서 미칠 지경인데, 너희 윗집은 어떠니?

⑨ 까페에서 치즈 케잌을 주문했다.

⑩ 왠일이냐, 쉬는 날도 아닌데 집엘 다 오고.

---

2. 다음 문장을 올바르게 띄어 써 보자.

① 그 친구를 만난지도 몇년이 지났다.

② 개강 첫 날의 학교 캠퍼스는 학생들로 가득찼다.

③ 내일 조별 발표를 앞두고 밤 늦게까지 원고를 수정했다.

④ 요즘 방값이 얼마나 비싼 지 모른다.

⑤ 집에 돌아와서 옷을 입은채로 잠이 들었다.

⑥ 시간이 없어서라기 보다는 관심이 없어서 약속을 잊어버렸다.

⑦ 몇해전여름을알리는장마비가지나간저녁무렵이었다.

⑧ 나는남서울대학교응급구조학과1학년에재학중이다.

⑨ 오랜유학생활에서돌아온친구는맨먼저나를찾아왔다.

⑩ 그의성격은이성적이라기보다는감성적이었다.

2 바람직한 문장 표현

누구나 글은 쓸 수 있지만 좋은 글을 쓰기는 쉽지 않다. 좋은 글은 좋은 문장에서 시작된다. 어떤 문장이 좋은 문장일까. 국어정서법(표기법·철자법·맞춤법)에 문제가 없다고 해서 그것이 좋은 문장을 의미하는 것은 아니다. 다만 군더더기 없이 간결하게 쓰는 것이 내 생각을 전달하는 데 효과적일 수 있다. 문장을 고치는 데 왕도가 있는 것은 아니지만 다음 몇 가지 방법만 익혀도 문장이 달라지는 것을 확인할 수 있다.

1 호응하는지의 여부

ㄱ. 우리가 이번 동아리 경진 대회에서 진 것은 상대를 너무 몰랐다.

▶

ㄴ. 행사를 준비하는 사람이 많아서 나는 별로 바빴다.

▶

ㄷ. 도서관에서 빌린 책을 낙서를 하거나 찢는 행위는 교양인의 자세가 아니다.

▶

2 중복 표현을 피하기

ㄱ. 지나치게 과한 다이어트는 건강에 좋지 않다.

▶

ㄴ. 공식적인 자리에서는 가능하면 개인적인 사견은 배제하고 발언하는 것이 좋다.

▶

ㄷ. 지나간 과거에 일어난 일은 잊고 새로운 각오로 임해야 한다.

▶

3 가능하면 능동형으로 쓰기

ㄱ. 출산율을 높이기 위한 정부의 현실적인 정책이 요구된다.

▶

ㄴ. 이번 학기에 장학금을 받은 학생은 해외 어학연수의 기회가 주어진다.

▶

ㄷ. 주택 문제 해결이 가시화되면 서울시 도시 계획 방안도 더욱 구체화될
   것이다.

   ▷

4 이중 피동을 피하기

ㄱ. 많이 읽혀지는 책이 반드시 좋은 책은 아니다.

   ▷

ㄴ. 전국 각지에서 모여진 성금은 형편이 어려운 이웃들에게 쓰여질 것으로
   보여진다.

   ▷

ㄷ. 참가자 이름이 불려질 때마다 관객의 환호성이 공연장을 가득 메웠다.

   ▷

5 단어와 구절을 대등하게 나열하기

ㄱ. 프랑스 파리와 이탈리아 피렌체, 뉴욕은 세계 화단의 중심지로 유명하다.

▶

ㄴ. K-POP은 중국 · 동경 · 베트남을 넘어 전 세계에서 인기를 끌고 있다.

▶

ㄷ. 세계화를 반대하는 사람들은 세계화가 한 나라 안에서도 소득 불평등 심화, 대기업의 지배구조가 악화될 것이라고 주장한다.

▶

6 긴 문장은 여러 개의 문장으로 나눠 쓰기

ㄱ. 많은 수험생이 전공과 대학의 선택이 얼마나 중요한 것인지 깨닫지 못하고 인기학과나 소위 명문 대학을 중시해 진학하는 경향이 짙으며, 특히 최근에는 취업난 때문에 졸업 후 진로에 대한 고민으로 학과 선호도가 분명해지고 있지만 자신에게 맞지 않는 전공을 선택해 대학에 입학한 학생들의 경우 전공 공부에 흥미를 갖지 못하고 방황하는 사례가 많다.

▶

ㄴ. 정보서비스·전자상거래·홈뱅킹 등 수용자의 다양한 정보 욕구를 충족시켜 줄 쌍방향 데이터 서비스를 앞당기기 위해서는 방송·통신 융합에 따른 데이터 서비스 개념을 정립하고 새로운 제도적 기반을 마련해야 하며, 기술 개발 및 표준형 수신기의 생산 산업화를 조속히 이루어야 한다.

▶

7 불필요한 조사나 접사(의 · ─적 · ─들 · 로부터) 줄이기

ㄱ. 음주 운전으로 인한 사회적 문제가 적지 않다.

▶

ㄴ. 공장 이전에 반대하는 수많은 무리들이 열을 지어 행진해 갔다.

▶

ㄷ. 지원한 회사로부터 합격했다는 전화를 받고 뛸듯이 기뻤다.

▶

3 단락의 이해와 구성

1 글의 기본 구성

글을 쓰기 위해서는 전체 글의 기본 구조를 고민해야 한다. 글의 기본 구조는 글의 종류에 따라 일정하지 않지만 일반적으로 도입부, 본문, 마무리 형태를 취한다. 형식이 정해져 있는 학술논문의 경우는 서론, 본론, 결론으로 글이 구성된다. 일기나 편지, 에세이 같은 비교적 가벼운 글도 그 구조를 분석해 보면 도입부, 본문, 마무리로 내용이 구분되는 것을 확인할 수 있을 것이다.

대학에서의 글쓰기는 리포트, 보고서, 논문 같은 학술적인 글쓰기가 주를 이룬다. 이와 같은 형식의 글을 쓸 때, 통상적으로 서론-본론-결론의 3단 구성법을 사용한다. 그렇다고 해서 세 단락으로 글이 이루어지는 것은 아니다. 서론과 결론이 한 단락을 취한다면 본론은 서론에서 언급한 내용을 본격적으로 전개한다는 점에서 최소 세 단락 이상은 되어야 한다. 가령 다섯 단락의 글을 쓴다면 전체 단락 구성은 다음과 같다.

	도입부 쓰기	
머리말	**배경에 관한 정보**	
	특정 인물의 경험 소개	
	시사적인 혹은 일반적인 사실 언급	
	경구 혹은 잘 알려진 명제 제시	
	질문 던지기	
	주제와 관련된 용어나 개념 정의	
	주제문	취지를 서술
		세 가지 중요 논점을 도입
	본문 쓰기	
본론	첫 단락	
	소주제문	첫 번째 논점 진술
		세부적인 보충
	둘째 단락	
	소주제문	두 번째 논점 진술
		세부적인 보충
	셋째 단락	
	소주제문	세 번째 논점 진술
		세부적인 보충
	마무리 쓰기	
맺음말	본론 내용을 정리하기	
	경구 또는 잘 알려진 명제 이용하기	
	본론 내용과 관련하여 여운을 남기기	

2 단락의 이해

1) 단락의 정의

한 편의 글은 하나 이상의 단락으로 이루어지고, 하나의 단락은 문장들의 묶음으로 구성된다. 낱말이 모여 문장이 되고, 문장이 모여 단락이 되고, 단락이 모여 한 편의 글이 되는데, 이때 단락은 연관된 문장이 모여 통일된 중심 생각을 나타내는 글의 기본 단위라고 할 수 있다.

줄글로 이루어진 글을 보면 들여쓰기로 시작해서 몇 개의 문장이 이어지다 행이 바꾸면서 다음 들여쓰기가 시작되는 것을 볼 수 있다. 이처럼 들여쓰기로 글이 시작돼서 두 번째 들여쓰기가 시작되기 전까지를 단락(paragraph) 혹은 문단이라고 한다. 하나의 단락이 한 편의 글이 될 수 있지만 일반적으로 글의 기본 구성이 도입부, 본문, 마무리로 이루어진다고 할 때 보통의 글은 세 개 이상의 단락이 필요하다.

단락을 구분하는 이유는 글의 시작과 중간, 끝을 구분하여 독자가 글의 내용을 명확하게 파악할 수 있도록 하기 위해서다. 또 글의 내용이 전환되거나 새로운 이야기가 시작된다는 것을 시각적으로 알려줌으로써 독자에게 마음의 여유를 갖게 한다. 좋은 글의 시작은 짜임새 있는 하나의 단락에서 시작된다. 단락 연습을 하는 것도 좋은 글을 쓰는 한 방법이 될 수 있다.

연습문제

다음 글을 읽고 두 번째 단락이 시작되는 곳을 표시해 보자.

모든 비극은 가장 소중한 사람이 받은 상처조차도 함께할 수 없는 인간의 한계에서 비롯된다. 기억과 연상을 통해 머리나 심장으로 타인의 고통을 이해할 수는 있다. 그러나 몸으로 해야 하는 체험은 불가능하다. 다른 사람과 한 몸이 될 수 없는 한, 상처는 온전히 나만의 것이다. 더구나 진정한 상처는 누구에게도 말할 수 없는 것이다. 오직 상흔을 껴안고 자기 부정을 감행한 사람만이 타인과 몸으로 만날 수 있다. 모든 상처는 사람과의 관계에서 생긴다. 관계가 깊어지면 상처도 깊어진다. 그래서인가? 나이가 많을수록 옅은 형식적 관계에 만족하는 것을 삶의 지혜로 여기는 사람이 많다. 몸으로 함께하는 만남과 소통을 처음부터 포기한 이들에게 사랑이 찾아올 수 없으며 그 덕에 상처도 없을 것이다. 남은 것은 꽉 짜인 기능적 연관관계뿐이다. 부모와 자식, 선생과 학생, 남편과 아내, 선배와 후배, 상사와 부하, 자본가와 노동자만 있고 사람은 없다. 각자의 역할과 기능만 있을 뿐 삶의 의미와 자유는 없다. 상처받지 않으려 한쪽은 권위를 앞세우고, 다른 쪽은 생각을 멈춘다. 지는 것을 모르는 사회에서 진정한 사랑이 불가능한 이유다.

(박구용, 「지는 것을 알아야 자유롭다」, 「한겨레」, 2007.)

2) 단락의 구성

한 편의 글에는 글 전체를 관통하는 주제가 있다. 글의 분량에 상관없이 한 문장으로 집약된다. 하나의 단락에도 소주제문이 있다. 하나의 단락은 단락의 중심내용을 나타내는 소주제문과 이것을 뒷받침하는 문장들로 이루어진다. 각 단락의 소주제문은 글 전체의 주제를 뒷받침한다. 소주제문은 단락의 처음에 위치할 수도 있고, 마지막에 위치할 수도 있으며 중간에 위치할 수도 있다. 또한 표면에 명시적으로 드러날 수도 있지만 단락 전체에 암시되어 있을 수도 있다. 글쓴이의 입장이나 판단이 반영되지 않은 단순한 사실만을 제시한 문장은 소주제문으로 적절하지 않다.

아래 예문은 소주제문의 위치가 단락의 앞과 뒤에 놓여 있다. 소주제문을 특정한 위치에 놓아야 한다는 원칙은 없다. 글의 종류나 내용에 따라 자유롭게 배치하면 된다.

▲ 예문 1 ▲

우주에서 일어나는 사고는 대체로 끔찍하다. 영화 〈그래비티〉를 통해서도 잘 알려졌겠지만, 우주공간에서는 사고를 수습할 자원이 많지 않다. 근본적으로 모든 것이 너무나 희박하기 때문이다. 공기도 없고 사람도 없고 문명도 없고 도구도 없다. 연료도 늘 최소한이다. 지구 중력을 상쇄시키기 위해 마하25의 속도에 도달해야 하기 때문에 우주에 나가 있는 것들은 모두 다 위험하다. 그래서 공부를 하면 할수록 그냥 지구에 있는 게 제일 낫겠다는 생각이 든다. 몇 해 전 모 백화점 고객 행사로 우주여행 상품이 걸린 적이 있었다는데, 당첨자가 우주여행을 포기하고 전부 상품권으로 받겠다고 했다는 말을 듣고 고개를 끄덕였다.

(배명훈, 「누가 답해야 할까?」, 『눈먼 자들의 국가』, 문학동네, 2014.)

▲ 예문 2 ▲

에릭 시걸(Erich Segal)의 장편소설 『의사들』(1989)은 하버드 대학교 의과대학의 1958년 입학생들을 중요한 등장 인물로 삼아 의사의 삶을 들여다본다. 소설 속에서 1958년 입학생의 한 사람으로 설정된 세스 래저러스는 말기(末期) 환자들의 요청을 받아들여 그들의 단말마를 인위적으로 단축시켜 주는 '죽음의 의사'다. 말하자면 그는 안락사의 옹호자다. 미국에서 안락사의 시술은 불법이므로, 래저러스는 엄연한 범법자다. 그러나 소설 속에서 그 범죄 행위는 의사로서의 래저러스가 고통받는 환자들에 대해 느끼는 인도주의적 연민과 사랑의 귀착점으로 묘사된다. 래저러스는 정치적 야망에 불타는 한 검사의 덫에 걸려 체포되지만, 변호사로 전업한 의과대학 동기생 베넷 랜즈먼의 발빠른 도움을 받아 기소 유예로 풀려난다. 자신이 창조한 '범죄자' 래저러스에게 금세 자유를 되돌려줌으로써, 작가 시걸은 안락사에 대한 자신의 시각을 설핏 드러냈다고도 할 수 있다. 안락사는 분명히 불법 행위이지만, 윤리적으로 마냥 단죄하기에는 너무 미묘한 쟁점들을 담고 있는 것이다.

(고종석,「삶의 존엄, 죽음의 위엄: 안락사에 대하여」, 『코드 훔치기』, 2007.

1. 다음 제시된 단락에서 소주제문을 찾아보자.

1) 생애 초기에 엄마와 제대로 된 애착관계를 맺지 못한 사람이 갖는 문제 중에는 타인과 친밀한 관계를 맺는 데 어려움을 느낀다는 점이 있다. 애착 관계를 맺는 방법을 배우지 못했기 때문이 아니라 그 시기의 결핍이 정신의 일부로 형성되어 있어 무엇으로도 메워지지 않기 때문이다. 또한 그런 아기들의 내면에는 불만족스러운 현실의 엄마를 대신해서 이상적이고 미화된 엄마에 대한 환상이 자리잡게 된다. 그 결과는 성인이 된 후에도 제대로 된 현실 인식을 갖지 못하거나 이상적인 연인을 찾아 방황하는 방식으로 나타난다.

(김형경, 『사람풍경』, 예담, 2006.)

2) 초(楚)나라 무기 상인이 "이 창은 어떠한 방패도 뚫을 수 있으며 이 방패는 어떠한 창도 막을 수 있다"고 했는데 그 말에서 연유한 것이 모순(矛盾)이다. 모순은 논리적으로 성립이 안될 때 상대방을 공박하는 용어로서 매우 생광스럽게 쓰이지만 어쨌든 강한 부정적 의미를 지니고 있다. 그러나 논리의 한계에 대해서 간과하고 있는 것도 생각해보아야 할 일이며, 따라서 모순의 양면성도 당연히 추구해보아야 하지 않을까.

(박경리, 「모순의 수용」, 『한국일보』, 1996.)

3) '화려한 싱글'이라는 거짓말과 '행복한 결혼'이라는 거짓말은 모두 사실을 숨긴다. 두 가지 거짓말이 은연중 강요하는 사고의 틀에 갇혀 있는 한, 우리는 '혼자 사는 것'의 의미를 파악할 수 없다. 이 두 가지 거짓말은 모두 은밀하게 생략법을 사용한다. '화려한 싱글'이라는 거짓말은 화려하지 않은, 아니 비참하게 보호받지 못하는 홀로 버려진 사람들을 생략한다. (중략)화려한 싱글을 주로 내세우는 마케팅 담당자는 독거노인과 노숙자와 같은 완벽하게 혼자 사는 사람들을 생략한다. 또한 '결혼은 항상 행복'이라는 거짓말 역시 '결혼했지만 불행한 사람 혹은 심지어 결혼으로 인해 불행해진 사람'을 생략한다. '행복했던 결혼 생활이 이혼이라는 파국'으로 끝난 불행한 사람도 생략한다. 결혼했지만 사실상 원수지간으로 살고 있는 사람도 생각한다. 생략된 대상에는 남편에게 매 맞고 사는 여성도 있고, 돈 버는 기계로 전락한 남편도 있다.

(노명우, 『혼자 산다는 것에 대하여』, 사월의 책, 2013.)

2. 아래의 소주제문으로 한 단락 글을 써보자.

1) 불안도 상황에 따라 쓸모가 있다.
2) 여행은 낯선 풍경과의 만남을 통해 자신을 객관화할 수 있는 좋은 기회다.
3) 좋은 글은 독자의 생각을 바꾸고 삶을 변화시킨다.
4) 지금부터 이야기하려는 내 경험은, 아마 누구도 한 적이 없을 것이다.

글쓰기의
과정

1 마인드맵과 브레인스토밍

1 마인드맵(Mind-map)

마인드맵은 말 그대로 마음의 지도를 그리는 것을 말한다. 알려진 바에 의하면 영국의 토니 부잔이 1960년대 브리티시 컬럼비아대학교 대학원을 다닐 때 두뇌의 특성을 고려해서 만들었다고 한다. 보다 높은 기억력과 학습력, 창의적 사고의 확장을 이뤄내기 위해서 고안한 것이라 할 수가 있는데, 이 마인드맵은 현재에도 생각의 깊이를 가늠하는 데 두루 쓰이는 방법 중 하나이다. 학교뿐만이 아니라 일상생활에서도 마인드맵은 매우 유용하고 효과적인 생각의 모형이라 할 수가 있다.

마인드맵을 하는 이유는 매우 단순하다. 생각한 것이 온전한 하나의 형태로 활자화되어 표현되지 않기 때문이다. 그래서 자신이 생각하는 키워드를 중심으로 단어를 확장해나가면서 지도를 만드는 것이다. 글을 체계적으로 쓰기 위해서는 복잡다기한 생각을 한데 엮어야 하고, 또 이를 적절한 수사를 통해서 표현할 줄 알아야 한다. 일단 하나의 문장이 완성되면 그 다음 단계는 의외로 잘 풀리는 경우가 많다. 생각나는 것을 일단 기록하고 나중에 다시 정리하면 된다. 자신의 생각을 단어로 표현해도 좋고, 이미지로 표현해도 좋다. 다시 말해 자신의 생각을 표현할 수 있고 정확한 메시지를 기록할 수만 있다면 어떠한 글자나 이미지, 기호나 그림, 숫자나 도표 등등 뭐든 상관이 없다. 순서나 위상도 없기 때문에 떠오르는 생각을 연결하면 그만이다. 처음에 중심을 설정해서 뻗어나가지만 그 방향성이 다양해서 나중에서 중심이 주변이 될수도 있는 것이다.

1) 마인드맵 작성하기

명확한 주제가 주어지면 마인드맵을 그리는 것은 쉽다. 자기 마음 속에 설정된 선택과 배제의 논리를 잘 따라가면 된다. 무엇이 내가 목표로 하고 있는 방향과 잘 일치하는지, 그것이 내가 설정한 주제와 어떻게 연결되는지, 그래서 나는 무엇을 할 수가 있거나 없는지 등등을 고려해서 선택된 단어들을 연결시키면 된다. 다시 말하지만 연결된 것에 의미부여나 일정한 틀을 형성하게 하는 것은 나중 문제다. 일단 많은 것들을 빈 종이에 그리거나 적어야 한다. 마인드맵이 있어야 작가는 한 편의 유려한 글을 써낼 수가 있으며, 목수도 화려하고 튼튼한 집을 지을 수가 있는 것이다. 요리사가 맛있는 음식을 만드는 과정도 이와 유사하다. 모든 완성된 것들은 마음속에 지도가 있었기 때문에 가능하다.

연습문제

아래의 예시를 참조하여 '스무 살'이라는 주제로 마인드맵 해보자.

2) 마인드맵의 예시

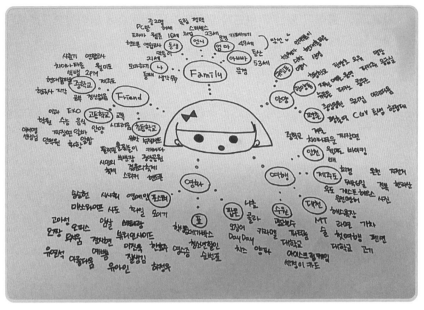

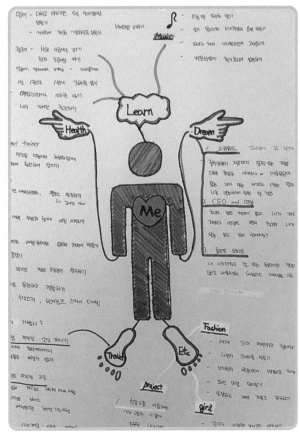

✅ 자기 삶에 중심이 되는 키워드가 무엇인지를 머릿속에 담아보고 간단히 설명해보자.

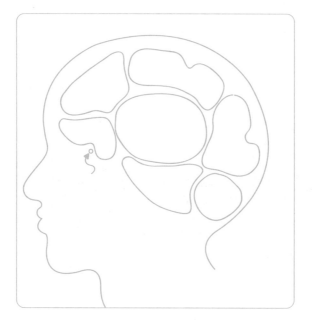

_____

_____

_____

_____

_____

_____

_____

_____

_____

_____

2 브레인스토밍(BrainStorming)

브레인스토밍은 말 그대로 뇌 속에 폭풍을 일으키는 과정이다. 이 용어는 1939년 광고회사 부사장이었던 Alex Osborn이 개발한 것으로 알려져 있다. Alex Osborn은 문제를 해결하기 위해 여러 가지 아이디어를 무작정 내뱉는 것이 중요함을 알았다. 짧은 시간 내에 다양한 아이디어를 쏟아내서 나중에 유의미한 결과를 추려내서 정리하면 된다. 특히 브레인스토밍은 집단적으로 아이디어를 발산하는 것이기에 시너지 효과와 더불어 은밀한 경쟁 심리를 유발한다고도 볼 수 있다. 따라서 서로 경쟁적으로 다양한 아이디어가 발산되어야 발전가능성이 풍부한 결과 값이 나올 수 있다.

대체적으로 브레인스토밍은 크게 네 가지 상황에서 활용된다. 첫째 다양하고 많은 대안이 필요할 때, 둘째 여러 방면으로 가능성을 고려해 보고 싶을 때, 셋째 다양한 시각에서 아이디어를 생성해보고 싶을 때, 넷째 어떤 상황에서 무엇을 해야 할지 또는 어떻게 반응해야 할지를 모를 때이다. 그렇다 하더라도 나름의 규칙이 있는데, 첫째 상대의 아이디어에 대한 비판을 금지하기, 둘째 자유분방하게 의견을 주고받기, 셋째 아이디어의 질보다 양에 집중하기, 넷째 팀원이 쏟아낸 아이디어를 결합하고 개선점을 찾아보기, 다섯째 반드시 누군가는 팀원의 아이디어를 기록하고 정리하기이다.

(3) 브레인스토밍(BrainStorming) 진행방법

※ **인원 구성** : 리더 1명, 서기 1명을 포함, 5–10명 정도가 적합
※ **시간 분배** : 30~60분 정도가 적당.
※ **좌석 배치** : 서로 마주볼 수 있는 구조가 적합.
※ **주제 설정** : 구체적인 문제, 지식과 경험에 입각한 연상 문제, 상상만으로 가능한 문제 등.
※ **토론 진행** : 자유롭고 유쾌한 분위기를 조성할 것.
※ **평가 방법** : 〈평가자 선정〉
　　　　－ 공평하고 신중한 판단을 내릴 수 있는 사람
　　　　－ 주제에 대한 폭넓은 지식을 갖춘 사람
　　　　－ 가능하면 회의에 참석했던 사람으로 4–5명 선정

　　　〈평가기준〉
　　　－ 효과성(소망성), 실현가능성을 고려.

⊘ '행복', '자유', '사랑', '취업', '결혼' 등 관심 있는 낱말을 화제로 삼아 브레인스토밍 해보자.

_____

_____

_____

_____

_____

_____

_____

_____

_____

_____

_____

_____

_____

_____

_____

_____

_____

_____

_____

_____

_____

_____

_____

_____

2 화제 및 개요 작성

좋은 글을 쓰기 위해서는 글쓰기의 절차와 방법을 정확히 이해하고 글을 쓸 때 실제로 적용하는 것이 중요하다. 글쓰기의 첫 단계에 해당하는 구상하기(계획하기)에서 필요한 것은 화제와 독자를 설정하고 주제를 정하는 일이다. 화제는 글쓴이와 독자가 공유하는 대상으로, 글을 쓰는 주체와 독자가 흥미를 느끼는 '무엇'이어야 한다. 화제와 독자를 구체적으로 정했다면 주제를 세울 수 있을 것이다.

1 화제 찾기

화제는 '무엇'에 해당하며 글의 소재나 제재에 해당한다. 자유 주제로 글을 쓸 때는 우선 넓은 범위의 화제를 설정해야 한다. '화제'를 찾았다고 해서 곧바로 글을 쓸 수는 없다. 범위를 좁혀나가는 과정이 필요하다. 이를 위해 브레인스토밍(brain storming)이나 마인드맵을 활용할 수 있다. 브레인스토밍은 아무런 제한을 두지 않고 머릿속의 생각을 자유롭게 떠오르는 대로 적어나가는 방법이다. 무의식 속에 잠재되어 있는 조각난 생각의 편린을 의식의 표면 위로 끌어올려 의미 있는 생각으로 구체화한다. 마인드맵은 브레인스토밍을 통해 수면 위로 떠오른 아이디어를 글쓰기에 적합한 형태로 구조화하는 과정이다.

글을 쓰는 첫 단계에서 고민하는 '화제'는 외부에서 주어질 수도 있고 내가 스스로 찾아야 할 때도 있다. 무엇보다 내가 관심 있는 분야에서 화제를 찾아야 글을 쓰는 과정을 즐길 수 있다.

나 자신과 관련된 것: 책, 고민, 연애, 취미, 적성, 진로, 군대, 아르바이트 등
학교생활에 대한 전반적인 것: 전공, 직업, 학점, 도서관, 동아리, 학문 등
시사적인 것: 정치, 문화, 예술, 스포츠, 환경오염, 젠더 감수성 등 현대 사회의 제반 문제
사상, 종교, 가치관, 인간과 삶을 둘러 싼 본질적인 것 등

2 주제문 작성하기

글을 쓸 화제 범위를 구체화해 중심화제가 정해졌다면 이제는 주제문을 작성할 수
있다. 화제가 '무엇'에 해당한다면 중심화제는 '무엇의 무엇'에 해당한다. 예를 들어
화제가 '대학'이라면 중심화제는 '대학의 역할'이 된다. 중심화제에 글쓴이의 입장과
판단을 반영한 것이 주제가 된다. '대학의 역할'에 관해서 개인마다 입장이 다른 만큼
주제 또한 다양할 것이다. 주제문을 작성할 때는 몇 가지 원칙이 있다.

ㄱ. 주제문은 완전한 문장이어야 한다.

ㄴ. 주제문에는 '나'의 입장과 판단이 반영되어야 한다.

ㄷ. 주제문은 그 표현이 정확하고 구체적이어야 한다.

ㄹ. 주제문 내용은 증명 가능한 것이어야 한다.

ㅁ. 의문문이나 어구의 형태는 주제문으로 적절하지 않다.

보기 1
• 화제 : 4차 산업혁명
• 중심화제 : 4차 산업혁명 시대의 직업
• 주제문 : 4차 산업혁명 시대를 대비한 직업 교육이 국가 정책으로 시행되어야 한다.

보기 2
• 화제 : 매스컴
• 중심화제 : 매스컴의 사회적 기능
• 주제문 : 매스컴은 대중에게 정보를 전달하고 여론 조성을 하는 순기능이 있지만 과도한 상업주의에
　　　　　물들 경우 심각한 부작용을 낳는다.

　화제와 중심화제, 주제문 작성을 통해 글을 쓰기 위한 절차를 밟아 왔다. 이런 과정을 통해 막연한 화제가 중심화제와 주제문 작성을 통해 구체화되고 글쓴이의 의도도 좀 더 명료해졌다. 이제는 글쓰기에서 구상하기의 마무리 단계인 개요작성을 할 차례다.

　개요작성은 글로 쓸 내용을 글쓰기에 적합한 형태로 조직화하는 과정이다. 건축물을 지을 때 설계도에 해당하는 것이 개요작성이다. 개요작성을 해 놓으면 한 단락씩 쓸 수도 있고, 전체적인 틀을 구성해 놓았기에 호흡이 긴 글을 쓸 때도 효과적이다. 개요작성을 하지 않고 글을 쓰면 주제문에서 어긋나기 쉬운데 이런 문제를 미연에 방지할 수 있다.

　개요작성에는 특별한 형식이 정해져 있는 것은 아니다. 도입부, 본문, 마무리에 쓸 내용을 핵심어로 나열하거나 문장의 형태로 작성하는 방식, 목차를 나열하는 방식 등이 있다.

⊙⊙⊙ 개요 작성의 종류

- 단어 나열식 개요 : 짧고 간결한 글에 효과적
- 문장 나열식 개요 : 짜임새 있는 글쓰기에 효과적
- 목차 나열식 개요 : 논문같이 길고 복잡한 글을 쓰는 데 효과적

성년의 문턱에 선 아들에게

급히 마무리해야 할 글이 있어서 어제 네 졸업식에 가지 못했다. 서운했을 수도 있겠구나. 굳이 겨를을 내자면 못 낼 것도 없었지만, 네 어머니와 고모가 간다기에 따로 시간을 내지 않았다. 더구나 아비는 세 해 전 네 형 졸업식에도 가지 않았으니, 네 졸업식에도 가지 않는 것이 공평한 일인 듯도 했다. 졸업을 축하한다. 그리고 이제 성년의 문턱에 이른 네게 몇 마디 당부를 하고 싶다. 이것은 아비가 자식에게 건네는 당부이기도 하지만, 고등학교 문을 나서는 네 세대 청년들에게 앞선 세대가 건네는 당부이기도 하다.

너는 어제 열두 해의 학교 교육을 마쳤다. 우리 사회가 구성원들 모두에게 의무적 권리로 규정하고 있는 기간보다 세 해 더 학교를 다닌 것이다. 그것은 네 둘레의 친구들 대다수와 마찬가지로, 너 역시 적어도 네 세대의 가장 불운한 한국인들에게 견주어 학교 교육의 혜택을 더 받았다는 뜻이다. 그 여분의 혜택을 누릴 수 없었던 네 동갑내기들 가운데는 학교 공부에 대한 열의와 재능이 너보다 컸던 사람들도 있었으리라는 사실을 늘 잊지 마라.

너는 이제 열아홉 살이다. 언제부턴가 우리 사회의 다정다감한 부모들이 20, 30대의 어린 아이들을 키워내고 있는 터라 네겐 생뚱맞게 들릴 수도 있겠지만, 아비 생각에 열아홉이면 두 발로 설 수 있는 나이다. 그것은 이제 네가 부모로부터의 독립을 생각하기 시작할 나이에 이르렀다는 뜻이다.

그 독립의 첫걸음으로 우선 앞으로의 학교 공부는 네 힘으로 하려고 애써라. 국가가 고등 교육을 책임지지 않는 사회에서, 대학에 다니고 싶으면 제가 벌어 다니라는 말이 야박하게 들릴 줄은 안다. 그러나 단지 경제적 이유로 대학 진학을 포기한 네 동갑내기들이 적지 않다는 것을 기억해라. 또 네 형도 제 힘으로 대학 공부를 하고 있다는 것을 상기해라. 지금 당장 온전히 독립하는 것은 어렵겠지만, 적어도 네가 아비에게 경제적으로 의존하는 것이 꼭 당연하고 자연스러운 일은 아니라는 점을 잊지 마라.

성년의 표지로서 경제적 독립 못지않게 긴요한 것은 정신의 독립이다. 가족이나 친구와 이야기를 나누든, 책을 읽거나 신문·방송을 보든, 네가 접하는 지식과 정보와 의견들에 늘 거리를 두도록 애써라. 줏대를 버린 뇌동은 그 당사자에게만이 아니라 공동체에도 크게 해롭다. 그러나 줏대를 지닌다는 것은 독선적이 된다는 것과 크게 다르다. 줏대를 지니되, 진리는 늘 여러 겹이라는 사실도 잊지 마라.

독립은 고립과 아주 다르다. 고립은 단절된 상태를 뜻하지만, 독립은 연대 속에서도 우뚝하다. 연대는 어느 쪽으로도 향할 수 있지만 아비는 네 연대가 공동체의 소수자들, 혜택을 덜 받은 사람들에게 건네지기를 바란다. 적어도 너 자신보다는 소수자의 표지를 더 짙게 지닌 사람들 쪽으로 네 연대가 길을 잡기 바란다. 높이 솟아오른 정신일수록 가장 낮은 곳을 응시한다.

네가 막 그 문턱에 다다른 세상은 중고등학교 교실에서 상상하던 세상과는 많이 다를 것이다. 사악한 이성과 욕망의 온갖 광기가 휩쓰는 세상에서 너는 너 자신과 아비를 포함한 인간의 비천함에 절망하고 지쳐, 어느덧 그 비천함의 능동적 실천자가 되고 싶은 유혹에 노출될지도 모른다. 그러나 그 더러워 보이는 세상 한 구석에 인류의 역사를 순화하고 지탱해 온 순금의 정신이 숨어있다는 것도 잊지 마라. 그 순금의 정신은 상상 속의 엘도라도가 아니라 바로 네 둘레에 있을 수도 있다.

네가 잘 알고 있듯, 아비는 충분히 독립적이지 못했고 충분히 연대하지 못했다. 그러나 모든 생명체는 뒷 세대가 저보다는 나아지기를 바란다. 그렇다면 아비에게도 스스로 이루지 못한 것을 네게 당부할 권리가 있을 것이다. 독립적이 되도록 애써라. 소수자들과 연대하려고 애써라. 다시 한 번, 네 졸업을 축하한다.

(고종석, 「성년의 문턱에 선 아들에게」, 『한국일보』, 2004.)

보기 1

고종석의 「성년의 문턱에 선 아들에게」를 읽고 〈구상하기〉 단계를 연습해 보면 다음과 같다.

1. 화제 : 성년, 청년 세대, 독립, 연대, 소수자, 순금
2. 중심화제 : 청년 세대에게 당부하는 말
3. 주제문 : 청년 세대는 부모에게서 정신적으로나 경제적으로 독립해야 한다.
4. 개요작성 : 문장 나열식 방식

- 1단락 : 성년의 문턱에 선 아들과 청년 세대에게 앞선 세대가 건네는 당부이다.
- 2단락 : 네 동갑내기들 가운데는 학교 공부에 대한 열의와 재능이 너보다 컸던 사람들도 있다.
- 3단락 : 열아홉이면 부모로부터의 독립을 생각하기 시작할 나이가 되었다.
- 4단락 : 아버지에게 경제적으로 의존하는 것이 당연한 것은 아니다.
- 5단락 : 경제적 독립 못지 않게 긴요한 것은 정신적 독립이다.
- 6단락 : 혜택을 덜 받은 공동체의 소수자들과 연대하기를 바란다.
- 7단락 : 네가 만나는 세상은 중고등학교 때와는 많이 다를 것이다.
- 8단락 : 독립적이려고 애써라. 소수자들과 연대하려고 애써라.

1. 자유 화제로 〈보기1〉과 같이 구상하기 단계를 실습해 보자.

1. 화제

2. 중심화제

3. 주제문

4. 개요작성

• 1단락

• 2단락

• 3단락

• 4단락

• 5단락

제목은 글의 얼굴이다. 글의 내용이 좋아도 제목이 흥미롭지 않으면 글에 대한 흥미가 반감된다. 내용도 중요하지만 내용 못지않게 인상적인 제목으로 독자의 시선을 끄는 것도 필요하다. 글의 주제와 연관되면서 내용에 대한 호기심을 불러일으키는 것이 좋은 제목이다. 아래 예문을 보면 글의 유형에 따라 제목의 분위기가 달라지는 것을 알 수 있다.

- **에세이 제목 : 그 밥상에는 누구의 눈물도 없어서 아름다웠다**
  어느 나라 출신이든 우린 같은 '사람'인데요
  어른이 안 되고 싶던 날
  연애를 끊었어요

- **칼럼 제목 : 콜롬버스여, 달걀값 물어내라**
  이 마을까지 덮친 부동산 광풍
  익명성과 사실성
  영어 강의도 사회문제다

- **논문 제목 : 이상 시의 환상성 연구**
  청소년의 건강행태와 고카페인 음료 섭취에 관한 연구
  봉준호 영화의 서사 구조 연구 : 정신분석학적 접근을 통해

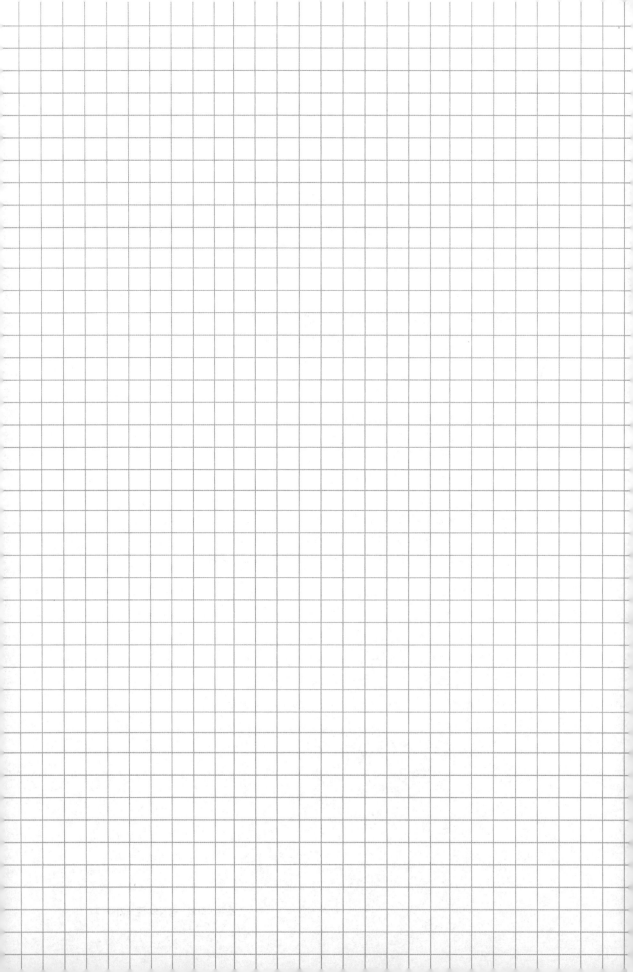

3 초고쓰기

1 도입부 쓰기

글에서 도입부는 글의 첫인상에 해당한다. 도입부가 흥미롭다면 독자는 그 글을 끝까지 읽을 가능성이 크다. 도입부에서는 이 글이 무엇에 대한 글인지, 무엇에 대한 필자 입장은 무엇인지, 글을 어떻게 전개할지를 언급한다. 글쓰기의 어려움으로 도입부 쓰기를 꼽는 것은 그만큼 첫발 떼기가 어렵다는 의미이기도 하다. 도입부에서는 글의 본격적인 내용을 다루지 않는 것이 일반적이다. 또 전체 글의 분량에 비해 내용이 너무 길면 안 된다. 본론에서 본격적으로 전개될 것을 염두에 두고 도입부를 쓰는 것이 필요한데 좋은 글에서 볼 수 있는 몇 가지 방법을 참고해서 써 보자.

⋯ 도입부 쓰기의 몇 가지 방법

- 특정 인물의 경험 소개
- 시사적인 혹은 일반적인 사실의 언급
- 경구 혹은 잘 알려진 명제 제시
- 질문 던지기
- 주제와 관련된 용어나 개념 정의하기

① 특정 인물의 경험 소개

한 사람이 경험할 수 있는 폭은 제한적이다. 그래서 다른 사람의 삶의 경험은 언제나 독자의 호기심을 자극한다. 자신과 비슷한 경험은 동질감을 갖게 하고 몰입감을 높이고 다른 경험은 그것대로 흥미를 불러일으킨다. 어떤 경우든 경험을 소개하는 방식은 글쓴이의 개성을 드러내는 좋은 방법이다.

> 어릴 적 우리집에 세 들어 살던 형이 내게 종이접기를 가르쳐줬다. 나는 형을 따라 온갖 동물들을 접었다. 미치도록 재밌었다. 또 다른 기억도 있다. 아버지가 회사에서 '롤뻬빠(롤페이퍼)'라 불리는 두툼한 두루마리 종이를 가져오면 그 위에 만화를 그렸다. 종이가 다 떨어지면 나는 출근하는 아버지에게 외쳤다. "아빠, 롤뻬빠!" 그날 아버지의 귀가를 얼마나 기다렸던가.
>
> (심보선, 「시 쓰기는 '말 만들기 놀이'」, 『그쪽의 풍경은 환한가』, 문학동네, 2019.)

② 시사적인 혹은 일반적인 사실의 언급

시사적인 내용이나 역사적 사실을 언급함으로써 독자의 지적인 호기심을 충족시킬 수 있다. 또 객관적인 통계나 지표를 제시해 주장의 근거를 확보할 수 있다. 찬반양론이 팽팽한 주제일 경우에 독자를 설득시키는 데 효과적인 방식이다.

> 2016년 가을, 한국에서는 낙태에 대한 논쟁이 한창이었습니다. 당시 보건복지부가 11월 2일까지 입법예고했던 〈의료법〉 시행령, 시행규정 개정안 때문이었습니다. 이 개정안은 〈모자보건법〉에서 정한 예외 상황을 제외한 다른 이유로 낙태수술을 할 경우 의료인의 처벌을 강화한다는 내용을 담고 있었습니다. 이 개정안을 두고서 여러 단체가 각자의 입장에서 여성 몸의 자기통제권과 태아의 생명 중 무엇을 우선시해야 하는지 성명서를 발표했습니다.
>
> (김승섭, 「낙태를 금지하면 벌어질 일들에 관하여」, 『아픔이 길이 되려면』, 동아시아, 2017.)

③ 경구 혹은 잘 알려진 명제 제시

쓰고자 하는 글의 내용과 관련된 속담이나 격언 또는 잘 알려진 사상가의 문장을 활용하면 독자가 좀 더 친근하게 글을 읽을 수 있다. 도입부에서는 독자가 쉽게 이해할 수 있고 공감을 끌어낼 수 있는 내용을 담는 것이 효과적이다.

> 교육이 나에게 베푼 은혜 중 가장 큰 것은 그것이 여행을 가능하게 했다는 점이다. 나의 말이 아니다. 그리스 작가 니코스 카잔차키스의 말이다. 나 같으면, 교육이 사람들에게 끼칠 수 있는 가장 큰 해악은 그것이 여행을 어렵게 한다는 점이다. 이렇게 고쳐 말하겠다. 우리나라 교육은, 우리나라 사람들이 우리나라에서만 잘 살게 만드는 것을 목표로 삼고 있다고 나는 생각한다. 나라 밖에서 한국인들을 만날 때마다 느낀다.
>
> (이윤기, 「아탈리여, 그대가 옳다」, 『시간의 눈금』, 열림원, 2005.)

④ 질문 던지기

질문 던지기 방식은 독자의 흥미를 유발한다. 질문은 독자에게 직접적으로 말을 건네는 것으로 글의 주제에 관심이 없는 독자도 글에 관심을 갖게 된다. 읽는 이는 수동적인 자세에서 보다 능동적인 자세로 글을 읽게 된다.

문화와 삶의 유기적인 삼투라는 관점에서 1990년대 이후 눈에 띄게 늘어난 지역 이벤트는 어떻게 평가될 수 있을까. 지방 자치제의 출범과 함께 지역 간 경쟁이 본격화되면서, 그리고 단체장은 차기를 의식해 가시적인 업적을 남기려는 동기가 강해지면서 지역의 각종 이벤트가 급격히 늘어났다. 공중파 미디어로 송신되는 대중문화와 대형 문화회관 중심의 고급 문화와는 다른 차원에서 작은 지역 단위의 문화를 창출한다는 점에서 그 시도들은 참신하고 소중하다. 그러나 우리는 거기에 들이는 돈만큼의 가치를 창출하고 있는가. 주민들은 그것을 통해 무엇을 얻고 있는가.

(김찬호, 「무엇을 위한 축제인가」, 『사회를 보는 논리』, 문학과지성사, 2003.)

⑤ 주제와 관련된 용어나 개념 정의하기

주제와 관련하여 나만의 방식으로 용어나 개념을 정의하는 방식이다. 어떤 주제를 쓰더라도 자신만의 독창성을 드러내는 것이 중요하다. 그러기 위해서는 내가 쓰고자 하는 주제와 관련하여 남들과 비슷한 생각이 아니라 나만의 방식으로 용어나 개념을 새롭게 정의하는 것도 한 방법이다. 이런 과정을 통해 글쓰기의 즐거움을 경험할 수 있고 자신만의 글쓰기 스타일을 만들어나갈 수 있다.

다시 폭력에 대해 말해야겠다. 언젠가 '폭력'이라는 말의 외연은 가급적 넓히는 것이 좋겠다는 생각을 밝히면서 나는 폭력을 다음과 같이 폭넓게 정의해보려고 했다. '폭력이란? 어떤 사람/사건의 진실에 최대한 섬세해지려는 노력을 포기하는 데서 만족을 얻는 모든 태도.' 더 섬세해질 수도 있는데 그러지 않기를 택하는 순간, 타인에 대한 잠재적/현실적 폭력이 시작된다는 말을 하고 싶었다. 물론 이렇게 말하고 끝날 일이 아니어서, 그 후로도 자주 폭력에 대해 생각하지 않을 수가 없었다.

(신형철, 「폭력에 대한 감수성」, 『슬픔을 공부하는 슬픔』, 한겨레출판, 2018.)

1. 평소에 도입부 쓰기에서 어떤 점이 어려웠는지 써 보자.

_____

_____

_____

_____

_____

_____

2. 도입부를 시작하는 다섯 편의 예시 글 중에서 가장 흥미로운 글은 무엇인
   지 찾아보고, 그 이유도 함께 생각해보자.

_____

_____

_____

_____

_____

_____

_____

본문은 전체 글의 핵심적인 내용이 담기는 부분이다. 여기에서는 언급한 내용을 본격적으로 전개하는 장으로, 단락이 자연스럽게 이어지도록 구성한다. 본문을 전개하는 특별한 방식은 없지만 글의 종류와 내용에 따라 본문 구성 방식도 달라진다. 도입부에서 글 전체를 담은 '무엇'을 언급했다면 본문에서는 '무엇'을 구체화하는 단계이다. 본문을 쓸 때는 대상을 설명하는 것보다 구체적으로 보여주는 것이 효과적이다. 추상적이고 관념적인 글이 아니라 자신이 경험하고 알게 된 것을 써야 고유성을 드러낼 수 있다. 서술 방식도 한 가지가 아닌 여러 가지를 활용하면 독자가 지루하지 않게 글을 읽을 수 있을 것이다. 문장은 간결하게 쓰는 것이 좋지만 글을 쓰다 보면 문장이 길어지기도 하는데, 이것은 자연스러운 현상이다.

본문 쓰기의 방식

- 도입부에서 언급한 내용을 다양한 서술방식을 활용하여 구체적으로 전개
- 도입부에서 제기한 문제의 원인을 제시하고 해결방안도 제시
- 필자의 견해를 시간의 흐름과 공간의 변화에 따라, 논리적 인과관계에 따라 체계화

아래 〈예문 1〉은 도입부에서 언급한 내용을 본문에서 예시를 통해 구체화한 것이다. 무엇보다 풍자와 위트가 넘치는 글로, 현 사회의 명절에 대한 필자의 문제의식이 돋보이는 글이다. 첫 단락에서 정체성은 위기 상황에서 발생한다고 전제한 뒤, 본문에서는 과거와 다른 현재의 친구 모습을 통해 정체성은 끊임없이 변화한다는 것을 설명하고 있다. 마지막 단락에서는 본질보다는 현상이나 행위에 주목하는 것을 비판하며 대답하기 곤란한 질문을 던지는 이에게 '되물을 것'을 주문한다. 글의 논리 구조가 잘 짜인 글은 아니지만 내용이 형식을 압도한 글이다. 좋은 글을 쓰기 위해서는 무엇보다 당연해 보이는 평범한 일상에 질문을 던지는 연습이 중요하다.

"추석이란 무엇인가" 되물어라

밥을 먹다가 주변 사람을 긴장시키고 싶은가. 그렇다면 음식을 한가득 입에 물고서 소리 내어 말해보라. "나는 누구인가." 아마 함께 밥 먹던 사람들이 수저질을 멈추고 걱정스러운 눈초리로 당신을 쳐다볼 것이다. 정체성을 따지는 질문은 대개 위기 상황에서나 제기되기 때문이다. 사람들은 평상시 그런 근본적인 질문에 대해 별 관심이 없다. 내가 누구인지, 한국이 무엇인지에 대해 궁금해하기보다는 내가 무엇을 하는지, 한국이 어떤 정책을 집행하는지, 즉 정체성보다는 근황과 행위에 대해 더 관심을 가진다. 그러나 자신의 존재 규정을 위협할 만한 특이한 사태가 발생하면 새삼 근본적인 질문을 던지지 않을 수 없다.

내 친구가 그 좋은 예다. 그의 부인은 일상의 사물을 재료로 작품을 만드는 예술가인데, 얼마 전 전시회를 열었다. 전시된 작품 중에는 오래된 연애편지를 활용해서 만든 것도 있었다. 특이한 작품이라는 생각이 들어서 그 앞에서 작품의 소재가 된 옛 연애편지를 읽어보았다. 그런데 그 내용과 표현이 내 감수성으로는 받아들이기에 너무 느끼해서 그만 그 자리에서 토할 뻔했다. 혹여 내가 연애편지를 쓰게 되는 상황에 처한다면, "영민"이란 이름을 한 글자로 줄여서 "민"이라고 칭하지는 않으리라. 나 자신을 3인칭으로 부르지 않으리라. "민은 이렇게 생각한답니다"와 같은 문장을 쓰지 않으리라. "사랑하는 나의 희에게, 희로부터 애달픈 사랑을 듬뿍 받고 싶은 민으로부터"와 같은 표현은 결코 구사하지 않으리라.

심정지가 올 정도로 느끼한 문장으로 가득 찬 그 연애편지가 하도 인상적이어서, 그 작품을 만든 친구 부인에게 이거 대체 누가 쓴 편지냐고 물었다. 그러자 천연덕스럽게 "대학 시절 연애할 때 제 남편이 제게 보낸 편지예요"라는 대답이 돌아왔다. 아, 과학자의 탈을 쓴 그 친구에게 이와 같은 면모가 있었다니! 며칠 뒤, 그 친구를 만날 기회가 있었을 때 급기야 "그거 네가 쓴 연애편지라며?"라고 묻고 말았다. 그랬더니 평소 감정의 큰 기복이 없던 그 친구가 정서적 동요를 보이면서, 자신도 전시회에서 그 편지를 보고 그 내용과 표현에 큰 충격을 받았다고 털어놓았다. 놀리고 싶어진 나는 왜 그런 느끼한 표현을 썼느냐고 따져 물었다. 그러자 그 친구는 갑자기 과학자다운 평정심을 잃고 고성을 질러댔다. "그 편지를 쓰던 때의 나와 지금의 나는 다른 사람이라고 생각해! 내가 왜 그랬냐고 묻지 마!" 그러고는 벌떡 일어나 괴성을 지르며 나를 할퀴었다. 그 더러운 손톱에 할퀴어지는 바람에, 내 손목은 진리를 위해 순교한 중세 성인처럼 피를 흘렸다.

그 친구의 이러한 난동은 정체성의 질문이란 위기 상황에서 제기되는 것임을 잘 보여준다. 자신이 받아들이고 싶지 않은 과거를 부정하기 위해, 기존에 가지고 있던 자기 정체성을 스스로 파괴하려 들었던 것이다. 하나의 통합된 인격과 내력을 가진 인간으로 살아가기를 포기한 것이다. 오늘도 그는 그 느끼한 연애편지를 쓰던 자신과 현재의 '쿨한' 자신을 화해시키고, 새 시대에 맞는 새로운 정체성을 구성하기 위해 '인문학적으로' 씨름하고 있으리라.

추석을 맞아 모여든 친척들은 늘 그러했던 것처럼 당신의 근황에 과도한 관심을 가질 것이다. 취직은 했는지, 결혼할 계획은 있는지, 아이는 언제 낳을 것인지, 살은 언제 뺄 것인지 등등. 그러나 21세기의 냉정한 과학자가 느끼한 연애편지를 쓰던 20세기 청년이 더 이상 아니듯이, 당신도 과거의 당신이 아니며, 친척도 과거의 친척이 아니며, 가족도 옛날의 가족이 아니며, 추석도 과거의 추석이 아니다. 따라서 "그런 질문은 집어치워 주시죠"라는 시선을 보냈는데도 불구하고 친척이 명절을 핑계로 집요하게 당신의 인생에 대해 캐물어 온다면, 그들이 평소에 직면하지 않았을 근본적인 질문을 던지는 게 좋다. 당숙이 "너 언제 취직할 거니"라고 물으면, "곧 하겠죠, 뭐"라고 얼버무리지 말고 "당숙이란 무엇인가"라고 대답하라. "추석 때라서 일부러 물어보는 거란다"라고 하거든, "추석이란 무엇인가"라고 대답하라. 엄마가 "너 대체 결혼할 거니 말 거니"라고 물으면, "결혼이란 무엇인가"라고 대답하라. 거기에 대해 "얘가 미쳤나"라고 말하면, "제정신이란 무엇인가"라고 대답하라. 아버지가 "손주라도 한 명 안겨다오"라고 하거든 "후손이란 무엇인가". "늘그막에 외로워서 그런단다"라고 하거든 "외로움이란 무엇인가". "가족끼리 이런 이야기도 못하니"라고 하거든 "가족이란 무엇인가". 정체성에 관련된 이러한 대화들은 신성한 주문이 되어 해묵은 잡귀와 같은 오지랖들을 내쫓고 당신에게 자유를 선사할 것이다. 칼럼이란 무엇인가.

(김영민, 「"추석이란 무엇인가" 되물어라」, 『경향신문』, 2018. 9. 21.)

〈예문 2〉는 도입부에서 문제를 제기하고 본문에서 그 이유 몇 가지를 제시한 글이다. 글쓴이는 한글의 가치와 중요성을 십분 인정하면서도 한글 전용에 대해서 다른 시각을 가지고 있다. 글쓴이는 한자도 "우리의 글자"라는 입장에서 한글 전용론자들에 대해 한자의 장점을 제시하며 우리의 문자 생활에 대한 검토를 제안하는 것으로 글을 마무리한다. 〈예문 2〉는 도입부가 질문의 역할을, 마무리는 도입부 질문에 대한 답변의 형식을 취한 형태이다. 도입부에서 본문과 마무리까지 단락의 자연스러운 배열을 통해 글쓴이의 주장을 논리적 흐름에 맞게 전개했다.

한글과 한자

여야 의원 67명이 한글날을 국경일로 승격시키는 개정법률안을 공동발의했다고 전해진다. 개항 이후 한글은 우리 민족과 영욕을 같이 했고, 우리가 지금 누리는 이 문명이 모두 한글의 은덕이었다는 점을 생각한다면, 한글은 그만한 대접을 받아 마땅하다. 오직 자기 손으로 만들어 갈고 다듬은 문자로 개인들의 일상사는 물론 국가의 중대사를 다루고 학문과 예술 같은 고도의 정신적 작업을 할 수 있는 나라가 이 세상에는 많지 않다. 한글은 우리말을 표기하는 데 부족함이 없는 글자여서 우리는 지금 언문이 완전히 일치된 생활을 하고 있으며, 그것이 때로는 지나치다고 여겨질 정도다.

한글에 관해 말하다 보면 한자를 생각하지 않을 수 없는 것이 우리의 처지다. 나는 한자가 한글과 마찬가지로 우리의 글자라고 생각한다. 태고의 어느 시기에 우리 조상들이 한자를 만들었다는 어떤 학자들의 주장을 믿기 때문이 아니라, 아주 오랫동안 우리가 한자를 써 왔기 때문이다. 유사 이래 한말까지 우리의 제반 기록이 한문에 의지해 왔던 것은 말할 것도 없고, 지난 80년대 중반까지만 해도 한글과 함께 한자가 병용되었다. 한자는 우리에게 역사적 무의식이 되었고, 비록 문자를 모르는 사람들에게도 이 점은 예외가 아니다. 이 무의식을 우리는 남의 것이라고 말할 수 없다. 이제 한글 전용은 돌이킬 수 없는 추세가 되었지만, 그렇다고 그와 관련된 주장들을 다시 검토해 볼 필요가 없는 것은 아니다.

우선 한글의 경제성에 대한 주장이 있다. 한자는 익히려면 많은 시간을 투자해야 하는 것이 사실이다. 그러나 경제는 투자의 측면에서만 고려해야 할 사항은 아니다. 투자가 크더라도 이익이 월등하다면 반드시 비경제적이라고 할 수는 없다. 이 점에 관해 충분한 연구가 있었다고는 생각되지 않는다. 이와 비슷한 의견으로, 한자가 기계화의 걸림돌이 된다는 주장은 이미 낡은 것이 되었다. 기계가 언어생활을 따라와야 옳을 터인데 언어생활을 기계에 맞추어야 한다는 이 생각은 사실 발상부터 잘못된 것이었다.

한글이 민중적이라는 주장을 그르다고 할 수는 없다. 한글은 배우기 쉬울뿐더러 우리말과도 잘 어울리니 민중의 문자 생활을 자유롭고 용이하게 한다. 한글을 창제한 세종대왕의 의도가 여기에 있기도 했다. 그러나 민중은 항상 '어린 백성'이 아니다. 현재의 교육 제도에서 한자를 배우지 못할 민중은 없다. 게다가 모든 글을 한글로 쓰기는 하되, 글 쓰는 사람의 발상이 한자나 외국어에 토대를 두고 있다면 그게 오히려 민중을 속이는 것이다.

한자가 우리말의 발전을 가로막는다는 주장이 있다. 이는 토착어와 한자어를 무리하게 양분하는 데서 오는 오류다. 한자어가 들어와 우리말의 어휘와 내용과 논리를 풍요롭게 했다면 그게 바로 우리말의 발전이다. 우리말이 어디에 따로 있는 것이 아니라 민족의 역사를 통해 형성되어 지금 우리가 쓰고 있는 이 말이 곧 우리말이다. 말에는 한자가 없는데 왜 글에는 한자를 써야 하느냐는 막무가내식의 주장도 있다. 말의 논리와 글의 논리는 다르다. 말이 특수한 사안에 구체적으로 대응한다면 글은 보편적 사안에 추상적으로 대응한다. 문어가 차지해야 할 자리를 구어가 차지함으로써 일어나는 혼란을 지금 우리가 겪고 있다.

한자에 대한 내 생각은 간단하다. '가'를 可,加,歌,家로 쓰는 것인데, 이는 '가'를 빨강, 주황, 노랑, 초록색으로 쓰는 것과 같다. 빨간 가는 '옳다', 주황색 가는 '더한다', 노란 가는 '노래', 초록색 가는 '집'이 된다. 컬러가 흑백보다 더 많은 것을 알려준다는 것이야 말할 필요도 없다.

한글날을 국경일로 격상한다면, 이 기회에 우리의 문자 생활에 대해서도 가능한 한 쓸데없는 이데올로기를 개입시키지 말고, 가능한 한 과학적인 태도로 다시 검토해 볼 필요가 있겠다.

(황현산, 「한글과 한자」, 『밤이 선생이다』, 난다, 2013.)

⋯ 글의 서술방식

우리가 글을 쓸 때는 독자가 이 글을 읽고 잘 이해할 것인가, 어떻게 하면 본문에서 내 생각과 입장을 효과적으로 전달할 것인가를 고민하게 된다. 이를 위해 다양한 서술방식을 활용하게 되는데 글을 쓰는 방식과 형식에 따라 달라진다. 다음 네 가지 서술방식을 활용하여 본문을 효과적으로 써 보자.

❶ **설명** : 독자의 이해를 돕기 위해 어떤 사실이나 사건의 내용, 사물의 현상 등을 알기 쉽게 풀이하는 진술 방식이다. 구체적으로는 정의, 구분과 분류, 비교와 대조, 유추, 예시 등이 있다.

20세기 전반기를 대표할 두 명의 화가를 꼽는다면 단연 마티스와 피카소를 들 수 있다. 그들은 피카소의 말을 빌리면 '미술의 북극과 남극'이었다. 사실 그들은 모더니즘 회화의 양극을 개척한 화가들이다. 둘 다 사실주의에 반대해 새로운 형식을 모색했지만 한쪽은 색채에 또 한쪽은 형태에 착목했다. 입체주의의 창시자인 피카소는 형태를 파괴해서 새로운 방식으로 재결합했으며, 형태를 묘사하기보다는 감정을 표현하려 했던 마티스는 색채 혁명을 일으켰다.

(캐롤 스트릭랜드, 김호경 옮김, 『클릭 서양미술사』, 예경, 2013.)

❷ **논증** : 상대방의 생각이나 태도를 변화시키기 위해 어떤 주장이나 문제의 옳고 그름을 논리적 근거나 절차로 따지는 것을 목적으로 하는 진술방식이다. 여기에는 연역적 추론과 귀납적 추론이 있다.

새로운 것과 전통적인 것이 만나고 충돌하는 곳에는 언제나 '한국적인 것은 무엇인가'라는 정체성 문제가 자리잡고 있다. 나는 이 장에서 '한국적인 것'이 무엇인가를 말하기 전에 정체성이란 문제 자체가 무엇인지를 말하고자 한다. 왜냐하면 '한국적'이란 문제는 정체성의 한 예에 속하기 때문이다. 이를 위해 정체성의 사례들을 먼저 들고, 정체성의 문제가 철학에서 말하는 소위 형이상학 문제에 속한다는 것을 논한 후, 우리가 다루고자 하는 한국의 정체성이란 집단의 정체성 문제라는 점을 말하고자 한다. 문제를 분명하게 하기 위해 한국인의 정체성과 한국의 정체성을 구별할 것이며, 다음에는 집단으로서의 한국의 정체성 탐구 방법을 제시할 것이다.

(탁석산, 『한국의 정체성』, 책세상, 2000.)

❸ **묘사** : 어떤 대상을 독자의 눈에 보여주듯이 감각적으로 재현하는 방식이다. 정서의 표현이나 정보의 전달을 목적으로 하는 글에 효과적이다. 대상을 객관적으로 재현하는 객관적(설명적) 묘사와 주관적 인상이나 느낌을 재현하는 주관적(문학적) 묘사가 있다.

이지러는 졌으나 보름은 가제 지난 달은 부드러운 빛을 흐붓이 흘리고 있다. 대화까지는 칠십 리의 밤길, 고개를 둘이나 넘고 개울을 하나 건너고 벌판과 산길을 걸어야 한다. 달은 지금 긴 산허리에 걸려 있다. 밤중을 지난 무렵인지 죽은 듯이 고요한 속에서 짐승 같은 달의 숨소리가 손에 잡힐 듯이 들리며, 콩포기와 옥수수 잎새가 한층 달에 푸르게 젖었다. 산허리는 온통 모밀밭이어서 피기 시작한 꽃이 소금을 뿌린 듯이 흐붓한 달빛에 숨이 막힐 지경이다

(이효석, 「모밀꽃 필 무렵」, 『한국소설대계:모밀꽃 필 무렵』, 두산동아, 1997.)

❹ **서사** : 어떤 일이 왜 일어났고, 어떻게 전개되는가를 시간의 경과에 따라 구체적으로 진술하는 방식이다. 정서 전달을 목적으로 하는 글(문학작품)과 정보 전달이 목적인 글에 두루 쓰인다.

4월 말인데도 런던은 여전히 바람이 불고 쌀쌀했다. 그러나 봄은 봄이었다. 봄으로 체감되는 추위와 딴판으로 거리엔 벚꽃과 튤립 등 온갖 꽃들이 만발했다. 여기도 꽃샘추위가 있나보다고 어머니가 감탄했다. 그 만개한 '자연의 봄' 속으로 두터운 겨울 외투를 걸친 사람들이 유유히 지나가는 모습이 처음엔 무척 야릇해 보였다. 이네들은 우리처럼 겨울과 봄을 달력 넘기듯 기계적으로 구분하지 않는다.

(최영미, 『시대의 우울』, 창작과비평사, 1997.)

3 마무리 쓰기

마무리는 전체 글을 마무리하는 성격을 띤다. 일반적으로 마무리에서는 본문의 핵심 내용을 종합하고 정리하고 자신의 입장을 전달해야 한다. 글의 성격에 따라 대안을 제시하거나 전망을 할 수 있으며 관련 내용이 덧붙여질 수 있다. 또한 결말은 도입부의 문제제기에 답하는 내용이어야 한다. 결말을 쓸 때 도입부와 연관있는 내용으로 마무리 짓는 것이 효과적이다. 마무리 쓰기에도 몇 가지 방식이 있다. 이를 참고하여 마무리 쓰기를 해보자.

⊙⊙⊙ 마무리 쓰기의 몇 가지 방법

- 본문의 내용을 정리하기
- 경구 또는 잘 알려진 명제 이용하기
- 본문의 내용과 관련하여 독자에게 여운을 남긴다.

① 본문의 내용을 정리하기

일반적으로 가장 많이 활용하는 방식이다. 본문 내용을 다시 한 번 요약 정리한다. 의미는 같되 표현을 그대로 가져와서는 안 된다. 마무리에서 새로운 내용을 언급하거나 문제를 제기하는 것은 부적절하다.

> 이처럼 우리나라에선 원래 '신정', '구정'이란 개념이 없었다. '신정', '구정'은 일본식 한자어다. 이들 이름은 일제가 설을 쇠지 못하게 하기 위해 '신정'에 대비되는 개념으로 설을 '구정'이라 격하한 데서 연유했다. 따라서 가급적 '설' 또는 '설날'을 '구정'이라 부르지 않는 게 좋다. '양력설', '음력설'이라는 명칭도 마찬가지다. '설'은 원래 음력 1월 1일에만 존재하는 우리 전통 명절이다.
>
> (배상복, 『문장기술』, MBC씨앤아이, 2015(초판2004)

② 경구 또는 잘 알려진 명제 이용하기

글의 내용과 관련 있는 경구나 명제를 활용하여 글을 마무리하는 방식이다. 이 기법을 잘 활용하면 글쓴이의 입장을 독자에게 전달하는 데 효과적일 수 있다. 너무 상투적인 경구나 명제는 피한다.

> 나는 "존재가 의식을 규정하고 내용이 형식을 규정한다."는 칼 마르크스의 저 유명한 철의 법칙을 서서히 부정해 나가고 있었다. 그런데 언제부턴가는 다시 형식이 내용을 규정하는 것이 아니라, 그렇게 보이는 것 같은 현실이 바로 내가 부닥친 새로운 세상의 내용이 아닌가 하는 의문이 슬쩍 고개를 쳐들기 시작했다. 모르겠다. 여전히 칼 마르크스를 '옹위'하려고 애쓰는 내가 아주 오래된 농담을 하고 있는지…….
>
> (김남일, 「아주 오래된 농담 3」, 『책』, 문학동네, 2006.)

③ 본문의 내용과 관련하여 독자에게 여운 남기기

   독자는 한 편의 글을 읽으면서 마음의 파동을 경험한다. 마무리는 독자를 설득시키는 내용보다는 생각을 정리할 여지를 두는 내용이 좋다. 정서적인 표현으로 여운을 남기는 문장으로 마무리를 해보자. 글의 주제와 관련하여 나의 생각을 담담하게 드러내는 것도 효과적일 수 있다.

   일찍부터 결핵을 앓고 있던 모딜리아니는 그 짧은 생애를 항상 짙은 죽음의 그림자 속에서 살았다. 초상화 모델이 되어 '불멸의 존재가 되기'를 계속 거부한 그가 죽음이 눈앞에 다가온 것을 깨달았을 때 비로소 자신의 초상화를 그린 것이다. 모딜리아니의 유일한 자화상은 그가 그린 어떤 초상화와도 다르고, 이미 죽음을 받아들인 사람만이 갖는 일종의 신비적인 조용함을 띠고 있다. 자화상은 사진에서 자주 보는 전형적인 미남 타입의 모딜리아니와는 조금도 닮지 않았다. 하지만 그가 죽은 직후 리쁘시츠가 뜬 데드마스크와는 놀랄 만큼 비슷하다고 한다.

(서경식, 김석희 옮김, 「죽음의 초상」, 『청춘의 사신』, 돌베개, 2002.)

✅ 글쓰기의 전체 과정을 살펴보았다. 〈구상하기 단계〉에서 실습한 개요를 바탕으로 도입부, 본문, 마무리까지 글 전체 초고를 완성해보자.

4 고쳐쓰기

1 고쳐쓰기의 필요성

　고쳐쓰기는 글쓰기 과정의 마지막 단계로 초고를 읽고 다듬는 것을 의미한다. 단순히 맞춤법이나 문장을 어법에 맞게 고치는 것만이 아니라 글의 구성이나 단락의 흐름, 문장의 연결, 맞춤법까지 글 전체를 수정하는 것이다. 이 과정은 한 번에 이루어지지 않는다. 여러 번 고치고 다듬은 후에야 비로소 좋은 글이 된다. 글을 고칠 때는 먼저 전체적인 흐름을 파악한 다음 세부 사항을 점검하는 것이 효과적이다. 개요과정에서 작성한 주제가 충분히 표현되고 있는지, 글 전체적인 분위기가 통일성을 획득하고 있는지, 각 단락이 주제와 긴밀하게 연결되어 있는지, 문장이나 맞춤법, 띄어쓰기는 어법에 맞게 표현되었는지를 확인해야 한다.

　고쳐쓰기를 할 때는 글 전체, 단락, 문장, 맞춤법 순으로 큰 범주에서 작은 범주로 범위를 좁혀가면서 고치는 것이 좋다. 중요한 글일수록 며칠 시간을 두고 고치는 것이 필요하다. 일정 시간이 지나 글을 읽으면 독자의 시선으로 자신의 글을 객관적으로 볼 수 있고, 글의 문제점도 더 명확하게 보일 것이다. 초고는 완성된 글이 아니다. 고쳐쓰기는 지루하고 힘든 과정이지만 이 과정을 거쳐 엉성한 초고가 좋은 글로 탈바꿈하게 된다.

2 고쳐쓰기를 할 때 유의사항

- 원래 설정한 목적에 부합하는가.
- 글의 목적을 독자에게 명확히 전달했는가.
- 근거들은 객관적인가.
- 이해하기 쉬운 글인가.
- 표준어 규정 및 맞춤법을 준수했는가.
- 문장 및 문단 간의 연결은 자연스러운가.
- 불필요한 내용은 없는가.
- 같은 종결사를 중복 사용하거나 동어반복의 낱말은 없는가.
- 너무 긴 문장은 없는가.
- 단락의 처음을 들여쓰기 했는가.

글을 고칠 때는 여러 가지 사항을 점검해야 하겠지만, 위에 열거한 내용만 알고 고쳐도 훨씬 좋은 글이 된다. 또 교정 부호를 활용해서 글을 고치는 것이 효과적이다. 표준 교정(교열) 부호가 있지만 자신만의 방식을 사용해도 무방하다.

3 고쳐쓰기의 원칙

글을 작성하는 것도 중요하지만 고쳐쓰기는 더욱 중요하다. 자신이 쓴 글을 여러 번 읽고 고치는 과정은 쉽지 않다. 내용과 형식에 문제가 없더라도 맞춤법과 띄어쓰기가 부정확하고 문장이 어색하면 글의 신뢰성을 확보하기 어렵다. 글을 고칠 때 무작정 고치기보다 몇 가지 원칙을 알면 효과적으로 고쳐쓰기를 할 수 있다. 고쳐쓰기에는 첨가, 삭제, 재배열, 대체의 네 가지 원칙이 있다.

4 고쳐쓰기를 할 때 체크 사항

항목	번호	체 크 사 항	O	X
어구	1	읽는 사람이 이해하기 어려운 어구를 쓰지는 않았는가.		
	2	전문용어는 통일해서 썼는가.		
	3	지시대명사나 접속사를 너무 많이 쓰지는 않았는가.		
	4	차별어 등 부적절한 용어를 쓰지는 않았는가.		
	5	한자나 외래어를 너무 많이 쓰지는 않았는가.		
	6	속어, 유행어 등을 쓰지는 않았는가.		
	7	오탈자는 없는가.		
문장	1	너무 길지는 않은가.		
	2	쉼표를 찍는 방법은 적절한가.		
	3	수식어와 피수식어가 너무 떨어져 있지는 않은가.		
	4	주어와 술어는 대응하고 있는가.		
	5	문장 어미의 표현이 단조롭지는 않은가.		
단락	1	단락을 바꾸는 위치는 적당한가.		
	2	단락 내의 문장은 원칙에 따라 배열되고 있는가.		
	3	단락과 단락은 부드럽게 연결되고 있는가.		
전체	1	주제는 명확한가.		
	2	다 쓰지 못한 부분은 없는가.		
	3	불필요한 것이 쓰여 있지는 않은가.		
	4	일반적으로 흔히 알려져 있는 의견이나 생각은 아닌가.		
	5	전체의 구성은 파악하기 쉬운가.		
	6	도입부와 마무리는 잘 되어 있는가		

〈장진한 외, 「글쓰기, 잘라서 읽으면 단숨에 통달한다」(행담, 2003) 참조〉

좋은 글은 초고를 작성하고 이를 수정하고 편집하는 과정을 거치면서 완성된다. 글쓰기에 사용하는 시간 중에서 25%는 계획, 25%는 초고 쓰기, 45%는 수정 및 편집, 5%는 교정에 사용하여야 한다고 전문가들은 말한다. 퇴고할 때 비문이나 오·탈자 정도만 수정하면 된다고 생각했던 학생들은 체크할 항목이 많은 것에 놀랐을 것이다. 이제부터 충분한 시간을 두고 위 항목을 기준으로 반복해서 글을 고쳐 써 보자. 초고에 비해 좋아진 글을 만날 수 있을 것이다.

5 고쳐쓰기의 실제

다음 글은 『거꾸로 읽는 세계사』(유시민, 푸른나무, 1988)의 초판이다. 저자가 수정한 부분을 살펴보자.

• 초판 글

1894년 9월 어느 날, 프랑스의 참모본부 정보국은 프랑스 주재 독일대사관의 우편함에서 훔쳐낸 한 장의 편지를 입수했다. 그 편지의 수취인은 독일대사관 무관인 슈바르츠코펜이었고 발신인은 익명이었으며, 내용물은 프랑스 육군 기밀문서의 '명세서'였다. 스파이 활동의 거점인 독일대사관을 감시하고 배반자를 색출하느라 골머리를 앓고 있던 참모본부는 '명세서'를 작성한 사람이 참모본부 내에 있는 자이거나, 최소한 그런 자와 가까운 연관을 가진 인물이라는 심증을 굳히고 수사를 시작했다.

▶ 저자는 자신의 초판 글에 대해 잘 쓴 글이 아니라고 했다. 무엇이 문제인지 살펴보자. 문장이 길고, 한자어를 많이 썼고, 안 써도 되는 조사 '의'를 반복 사용했다.

• 개정판 글

1894년 9월 어느 날, 프랑스 육군 참모본부 정보국 요원이 프랑스 주재 독일대사관의 우편함에서 편지 한 장을 훔쳐냈다. 독일대사관 무관 슈바르츠코펜 앞으로 가는 봉투 안에는 프랑스 육군 기밀문서의 내용을 자세히 적은 '명세서'가 들어 있었고,

보낸 사람은 누군지 알 수 없었다. 그러잖아도 프랑스 군사 정보를 독일에 팔아먹는 스파이를 찾아내느라 골머리를 썩이고 있던 참모본부는 이 '명세서'를 작성한 사람이 참모본부 안에서 일하고 있거나 적어도 그 가까이 있는 인물이라고 단정하고 조사를 벌였다.

▶ 저자는 초판을 위와 같이 고쳤지만 여전히 부족한 부분이 있다고 했다. 어색한 표현을 고쳐보자.

• 다시 고친 글

사건은 1894년 9월에 일어났다. 프랑스 육군 참모본부 정보국 요원이 프랑스 주재 독일대사관 우편함에서 편지 봉투를 하나 훔쳤다. 독일대사관 무관 슈바르츠코펜에게 보낸 것이었고 발신인은 알 수 없었다. 거기에는 프랑스 육군 기밀문서의 내용을 적은 '명세서'가 들어 있었다. 군사정보를 적국에 팔아먹는 스파이를 찾아내느라 골머리를 썩이던 참모본부는 이 '명세서'를 작성한 사람이 참모본부 요원이거나 요원과 가까운 인물일 것이라 추정하고 조사를 벌였다.

(유시민, 『유시민의 글쓰기 특강』, 생각의길, 2013 참고)

▶ 초판 글과 마지막으로 수정한 글을 비교해보면 세 문장에서 다섯 문장으로 문장 수는 늘어났지만 문장 길이가 간결해지고 가독성이 높아진 것을 알 수 있다. 복문보다는 단문이 이해하기 쉽고 전달하고자 하는 뜻도 분명해진다.

✅ 다음 글에서 잘못된 부분을 체크한 다음, 고쳐쓰기 방법을 적용해 바르게 써 보자.

청춘이라는 시는 다른 시들과는 다르게 특별한 문장들로 구성돼어 있는 느낌이였다. 청춘이라는 단어를 어떻게 하면 자세히 묘사할 수 있을까 하는 작가의 고민이 묻어나오는 글귀였다. 처음 읽었을 때는 이 무슨 난해한 시인가, 이것이 시라 불릴 수 있는 건가 싶었지만 되세길수록 문장 표현력과 그 속에 담긴 뜻이 매력적이라 신기한 감정이 들었다. 새롭고 신기한 비유로 가득한 문장 덕에 배울 점도 있었다. 무엇보다 청춘이란 복잡한 인생의 한 시기가 글로 비스무리하게나마 표현이 될 수 있다는 점이 충격적이였다. 그가 나열한 문장들은 어쩌면 내가 살면서 한번쯤은 겪은 감정의 격양과도 비슷했다. 작가와의 공통점을 하나 찾은 기분이 들어 내심 웃음이 나오면서도, 시에서 느껴지는 청년의 불같은 기세가 눈살을 찌푸리게 만들어 내가 이런 태도였을까, 하고 자신을 되돌아보게 한다. 만약 저런 청춘을 내가 보내서, 미래에 과거의 자신을 회상하며 부끄러움에 몸부림치고 있었다. 여러모로 충격적이면서도 청춘을 아름답게 보내야겠다고 다짐하게 하는 시였다.

(학생 글)

학술적
글쓰기

1 학술적 글쓰기의 이해

대학에서의 수업은 지식의 습득과 새로운 가치 창출을 목표로 진행된다. 그런데 이러한 목표를 성취하기가 결코 쉽지만은 않다. 학생들이 수업을 통해서 얻고자 하는 지식이 생경하기도 하지만 그 내용이 너무 다양하고 또한 광범위하기 때문이다. 산만한 지식을 체계적으로 정리하여 습득하기 어려울 뿐만 아니라 습득한 지식을 응용하여 새로운 가치를 창출해내기도 어려운 형편이다. 이럴 경우 대학에서 설정한 수업목표 달성은 어려워질 수 있다. 수업목표를 성취할 수 없다는 것은 교수와 학생 사이에 이루어지는 의사소통이 실패했음을 의미하는 것이기도 하다.

바로 이 지점에서 학술적 글쓰기가 필요하다. 학술적 글쓰기는 교수와 학생 사이를 이어주는 의사소통의 매개체이다. 교수는 학생이 지식을 습득하는 과정 중에 부딪히는 여러 문제, 또 새로운 지식을 창출해내는 과정에서 부딪히는 문제를 글쓰기로 해결할 수 있도록 도와줘야 한다. 교수와 학생은 이 과정을 통하여 함께 문제를 해결해 나간다. 이러한 학술적 글쓰기를 통해서 학생들은 자신의 지식을 검증하는 동시에 그러한 지식을 정확하게 표현하는 능력도 기른다. 좀 더 부연하면, 글을 쓰는 과정을 통해서 특정 주제에 대한 지식을 체계적으로 정리할 수 있고, 전공 분야에 대한 정보를 활용할 수 있는 능력도 쌓을 수 있다.

학술적 글쓰기는 자신의 생각과 견해, 주장을 통해서 타인을 설득하는 논증의 양식이다. 그런 만큼 학술적 글쓰기 과정은 합리적이고 논리적이어야 한다. 따라서 논증에 필요한 자료와 정보를 많이 섭렵해야 한다. 교양과 전공수업은 이러한 논증과 자료를 요구하는 글쓰기가 주를 이룬다. 이것을 크게 나누어 보면, 요약과 논평(비평),

보고서(조사보고서, 실험보고서, 연구보고서 등), 학술논문(학회논문, 석박사논문) 등이 있다. 이러한 범주에 드는 글쓰기는 대부분 학술적 글쓰기의 형식을 취한다. 예컨대 학술적 글쓰기의 형식인 '표지 작성, 제목 정하기, 서론-본론-결론 작성하기, 참고문헌 제시'라는 과정은 어려 형태의 글에서도 공통으로 쓰인다. 이에 본장에서는 학술적 글쓰기를 중심으로 그 작성 형식과 내용을 간략하게 소개하고자 한다. 먼저 학술적 글쓰기에서 가장 기본이 되는 '인용과 주석' 작성에 대해서 살펴보고, 그 다음에는 '요약과 논평'에 대해서 살펴보고자 한다. 마지막에는 '보고서와 학술논문'에 대해 설명할 것이다.

2 인용문, 주석, 참고문헌 작성법

1 인용문 작성법

(1) 인용문의 종류

학술적 글쓰기는 대부분 자신의 주장을 합리적이고 논리적으로 드러내는 논증적인 성격을 띤다. 그렇다보니 자신의 생각과 견해를 객관적으로 뒷받침해줄 근거와 논거가 절대적으로 필요하다. 다시 말하면 논의 대상 분야에 대한 기존 연구자들의 글을 그 근거로 가져올 수밖에 없다는 것이다. 자기 글의 타당성과 논리성을 높이기 위해 다른 연구자들의 글을 옮겨 와서 자기 글에 쓰는 것을 인용이라고 한다.

다른 사람의 글을 인용하는 구체적인 목적은 다음과 같다.

(1) 이미 검증받은 글을 인용하여 자신이 쓰는 글이 객관적이고 논리적이라는 것을 보여주기 위해서다.

(2) 자신과 견해를 달리하는 사람들을 비판하거나 그 내용을 지적하기 위해서다.

(3) 자신의 견해와 일치하는 글을 인용하여 신뢰성 있는 주장을 펼치기 위해서다.

(4) 표절의 시비로부터 벗어날 뿐만 아니라 많은 자료를 섭렵했다는 것을 간접적으로 보여주기 위해서다.

그러므로 인용할 때에는 전문가에 의해 검증된 자료를 선택해야 한다. 또한 자신이 쓰고 있는 주제에 합당한 자료를 취사선택해야 한다. 뿐만 아니라 인용의 글을 객관적으로 분석하고 해석해야 한다. 마지막으로 적절한 분량을 인용하는 것이 좋고 의미가 왜곡되지 않도록 인용하는 것이 좋다.

(2) 직접인용 방법

직접인용은 인용할 내용을 원문 그대로 옮겨오는 것을 말한다. 이때 인용할 내용의 분량에 따라 직접인용의 형태는 두 가지로 나누어진다. 하나는 인용문의 길이가 짧은 경우이다. 보통 인용문의 길이가 인쇄된 줄로 3줄 이내가 되면 짧은 경우에 해당한다. 이것을 인용할 때에는 직접 따옴표(" ")를 사용하여 그 내용을 옮겨오면 된다. 부연하면 그 옮겨온 내용을 자신의 내용처럼 자연스럽게 자신의 문장 속에 넣어서 구성해 나가면 된다.

다른 하나는 인용문이 긴 형태이다. 흔히 인쇄된 줄로 3줄 이상으로 된 것을 말한다. 이것을 인용하는 방법은 인용할 내용을 하나의 단락으로 만들어 구성하면 된다. 인용 단락을 만들 때에는 단락의 바로 윗줄과 아랫줄을 각각 비워두어야 한다. 위쪽과 아래쪽을 각각 한 줄을 비워두는 자체가 바로 직접인용한 것을 지시해준다.

예시 1 **직접인용(문장의 형태로)**

백석 시에 대해서 언급한 김기림과 오장환의 상반된 견해는 그의 시를 이해하는 데 매우 적절한 길잡이 역할을 해주고 있다. 김기림에 의하면, "「사슴」은 그 외관의 철저한 향토취미에도 불구하고 주착없는 일련의 향토주의와는 명료하게 구별되는 모더니티를 품고 있"[1]고 긍정적 평가를 내리고 있다. 반면에 오장환은 "갖은 사투리와 옛이야기, 연중행사의 묵은 기억 등을 그것도 질서도 없이 그저 곳간에 볏섬 쌓듯이 그저 구겨넣은"[2] 것에 불과한 시로 부정적 평가를 내리고 있다.(정유화의 「백석론」 중에서)

1) 김기림, 「"사슴"을 안고」, 『김기림전집2』, 심설당, 1988, p.373.
2) 오장환, 「백석론」, 『오장환전집2』, 창작과비평사, 1989, p.16

예시 2 **직접인용(단락의 형태로)**

그러나 책을 통한 관념, 그 관념은 외부로부터 구성해준 허위적 주체성에 지나지 않았다. 관념을 배반하는 것, 관념이 든 책을 배반하는 것, 이것이 진정으로 제국주의의 사유로 은유화된 주체에서 벗어날 수 있는 길이다.

> **이제는 애써 책을 읽으려고 하지 않는다. 책을 안 읽는 것은 거짓말이지만, 책이 선두가 아니다. 작품이 선두다. 시라는 선취자가 없으면 그 뒤의 사색의 행렬이 따르지 않는다. ···(중략)··· 어떤 고생을 하든지 간에 시가 나와야 한다. 그리고 책이 그 뒤의 정리를 하고 나의 시의 위치를 선사해준다.[3]**

김수영의 책 읽기는 서서히 바뀌어가고 있다. 책이 부여하는 관념의 주체성에서 벗어나 현실이 부여하는 주체성 구성으로 나가고 있다. 관념인 책이 상위의 타자로서 '나'를 구성해 주었지만, 이제 경험과 생활을 담고 있는 시가 상위의 타자로서 '나'를 구성해 주고 있다.(정유화의 「김수영론」 중에서)

---

3) 김수영, 「반시론」, 『김수영전집2』, 민음사, 1981, p.259.

(3) 간접인용 방법

간접인용은 인용할 내용을 원문 그대로 가져오지 않고 요약해서 가져오는 형태를 말한다. 간접인용은 이럴 경우에 많이 사용한다. 인용할 글의 내용이 지나치게 많거나 복잡할 경우에 사용한다. 간략하게 요약하여 사용하면 논지가 잘 드러난다. 그리고 인용하고자 하는 내용이 여러 페이지에 걸쳐 군데군데 있을 경우에 사용한다. 마찬가지로 통일성 있게 의미를 요약해서 인용하면 글이 매끄럽다. 이때 조심해야 할 것은 인용할 글의 의미를 왜곡해서는 안 된다는 것이다. 간접인용을 할 때에는 인용부호 없이 자신의 문장처럼 자연스럽게 구성해 나가면 된다. 그러고 나서 주석을 달아주면 간접인용임이 자연스럽게 드러난다.

　　그렇다면 조선의 개성상인이 어떠한 존재였는지가 궁금하다. 개성은 고려조 이래로 나름대로의 상업적 전통이 유지되고 있었고 이는 조선에도 이어졌다. 전성기에 10만 호에 이른다던 소비인구를 거느리고, 부세를 비롯한 각종 국가적 물류의 집산처이기도 하였다. 더불어 조선 초 개성 주변 지역의 선비들을 등용하지 않으려 했던 정책에 의해 반조선왕조적인 공감 속에 개성상인만의 상업경영이 정착되었다. 개성상인들은 삼포에서 일본상인으로부터 무역한 왜은을 이용하여 견직물로 대표되는 중국산 사치품을 구입하고, 이를 다시 국내와 일본상인에게 처분하는 중개무역을 통해 막대한 상리를 축적함과 동시에 16세기 말 임란을 전후해 인삼무역까지 주도하였다. 이들은 신용과 단결을 특징으로 한 상업조직을 형성하여 갔고, 도성상인인 경상에 필적하는 자본을 집적할 수 있었다.[4] 거기에 더해 그들은 수백 년 동안 시행착오를 거치면서 수준 높고 독특한 상업 시스템을 발전시켜나갔다.
(오혜진, 『시대와의 감흥, 역사추리소설』 중에서)

---

[4] 박평식, 「조선전기 개성상인의 상업활동」, 『조선시대사학보』 제30집, 2004, pp.92~94. 참조 요약.

2 주석 작성법

(1) 주석 달기: 각주와 미주

　　학술적 글쓰기를 진행하면서 참고했던 자료가 있다면 그 자료에 대한 모든 정보를 상세하게 밝혀주어야 한다. 그렇게 하는 방법을 바로 주석 달기라고 명명한다. 주석 달기에는 일반적으로 두 가지 양식이 있다. 각주(脚註)와 미주(尾註)의 방법이다. 학술적 글쓰기에서는 대체적으로 각주를 가장 많이 사용하고 있으므로, 여기에서는 주로 각주를 사용하는 방법과 실제에 대해서만 설명하기로 한다.

　　참고로 미주는 간단하게 설명만 하겠다. 미주는 본문에서 주석의 번호만 표시해 놓고, 주석에 필요한 모든 글의 정보는 결론이 끝난 다음에 한꺼번에 모아 작성하는 것을 말한다. 미주는 글을 쓰는 입장에서는 좋으나 글을 읽는 독자 입장에서는 조금 불편함이 있다.

　　대학에서 가장 보편적으로 사용하는 것은 각주이다. 각주는 본문에 해당하는 쪽의 맨 하단, 곧 본문의 맨 아래쪽에 배치된다. 그러니까 본문에 표시된 주석 번호와 거기에 해당되는 정보 내용이 한 페이지 한 공간에 모두 존재하게 된다. 각주가 편리한 이유가 바로 여기에 있다. 각주를 작성하는 방법은 인용하는 대상에 따라 조금씩 다르다. 예컨대 단행본, 번역서, 학위논문, 학술논문, 전자 자료 등에 따라 그 표기 형태가 조금씩 다르다는 것이다. 이제 차례대로 각주 다는 방법을 알아보기로 한다.

(2) 완전 주석(각주)

완전 주석(각주)는 인용한 자료에 대한 모든 정보를 빠짐없이 다 밝혀주는 것을 의미한다. 그러므로 완전 주석은 학술적 글쓰기에서 필수적인 항목이 된다. 차례대로 그 경우를 살펴보기로 한다.

① 단행본

단행본일 경우에는 '저자→ 인용 항목→ 책 제목→ 판수→ 출판 지명→ 출판사→ 출판 연도→ 인용 페이지' 순으로 각주를 단다. 판수에서 초판일 경우에는 기입하지 않고 생략한다. 그리고 출판 지명 다음에는 ';(세미콜론)'을 붙이고, 출판 지명과 출판사 사이에는 ':(쌍점)'을 넣는다.

예시　차성수,「외식경영의 기초」,『외식경영학원론』, 재판; 서울:박영사, 2018, pp.101~103.

② 단행본 원서(외국어)

원서일 경우, 책 제목은 이탤릭체로 하거나 밑줄을 그어야 한다.

예시　Joseph Gibaldi, *MLA Handbook for Writers of Research Papers,* 2nd; New York:Modern Language Association of America, 2009, p.28.

③ 단행본 번역서

예시　유발 하라리, 조현욱 역,「돈의 향기」,『사피엔스』, 파주:김영사, 2015, p.188.

④ 학위논문

예시　장승희,「학교 밖 청소년복지 서비스현황」,『학교 밖 청소년복지 종사자의 전문성 발달과정 탐색』, 고려대학교 일반대학원 사회복지학과 박사학위논문, 2018, p.22.

⑤ 학술논문(학회지논문)

예시 문은호 · 김재덕, 「교양수학 교과목 공동관리 운영의 효율성에 대한 고찰」,
『공학교육연구』, 제22권 5호, 한국공학교육학회, 2019. 09, p.22.

⑥ 전자 자료

예시 정원석 기자, 「국가채무, 사상 최초 700조원 돌파」, 『조선닷컴』, 2020. 1. 8.
(https://biz.chosun.com/site/data/html_dir/2020/01/08/2020010800678.html) (검색일자)

(3) 완전 주석(각주)의 모범 사례

앞에서도 언급했듯이 완전 각주는 본문의 맨 아래에 다는 형식이다. 각주(脚註)를 한자어의 음훈으로 풀이해보면 더욱 쉽게 이해할 수 있다. 한자의 음훈으로 보면, '脚'은 '다리 각'이고, '註'는 '주석 주'이다. 머리가 아닌 다리 부분에 주석을 단다는 뜻이다. 컴퓨터 화면으로 보면 본문의 맨 위가 머리가 되고 맨 아랫부분이 다리가 되는 셈이다. 그래서 각주(脚註)라고 지칭한다. 다음에 제시된 각주 쓰기의 모범 사례를 통해 그것을 확인해 보기로 하자. 이 사례가 부족하다고 생각되면 바로 앞에서 설명했던 직접인용문, 간접인용문 작성에 나오는 각주를 참고해도 큰 도움이 될 것이다.

내면 정서의 시적 코드화 : 김광균론

1. 서론

김광균은 30년대의 대표적인 모더니스트 시인 중의 한 사람이다. "**소리조차 모양으로 번역**"[1] 할 정도로 감각적이고 회화적인 이미지를 개성적으로 구사한 시인이기에 그러하다. 그뿐만이 아니라 본인 스스로 시의 조형성, 곧 형태의 사상성이라는 모더니즘의 시론을 직접 펼쳐가며 시를 창작해 왔다는 점에서 더욱 그러하다고 할 수 있다. 그래서 그의 시를 논의할 때에 거의 빠짐없이 언급되는 것이 예의 모더니즘 시론과 이미지즘의 기법이다. 연구자들이 이러한 범주 안에서 그의 시를 평가하게 되면, 그 초점은 자연스럽게 세 가지로 모아지게 된다.

  ⋯중략⋯

3. '비다/차다'의 대립적 공간

이러한 도시공간에 대한 화자의 정서적 반응은 어떨까. **그것은 다름 아니라 사념의 벙어리되어 입을 다무는 것으로써 부정적인 태도를 나타내고 있다. 입은 외부환경으로부터 화자 자신을 분리시키는 신체적인 경계이다.**[2] 입을 신체공간기호로 보면 내면공간과 외부공간을 단절하거나 연결시키는 매개공간인 것이다. 화자가 입을 다무는 것은 외부공간과의 단절 및 거부를 나타내는 행위가 된다.(정유화의 「김광균론」 중에서)

---

1) 김기림, 「30년대 도미의 시단 동태」, 『김기림 전집2』, 서울:심설당, 1988, pp.65~71.
2) 에드워드 홀, 최효선 번역, 「공간의 언어」, 『침묵의 언어』, 재판; 서울:한길사, 2000, p.223.

(4) 약식 주석

대학생들이 학술적 글쓰기를 할 때에 완전 주석(각주)의 형태만으로도 충분한 글쓰기를 할 수 있다. 따라서 약식 각주는 참고 사항으로 그 종류만 간단하게 소개하고자 한다. 약식 각주는 완전 각주가 앞에 소개되었을 때 사용하는 방법이다. 다시 말하면 모든 정보를 다 밝히지 않고 간단하게 꼭 필요한 정보 한두 가지만 밝혀주는 방법이다. 약식 각주의 양식에는 Ibid.(상게서, 상게논문, 위의 책, 위의 논문) Op.cit.(전게서, 전게논문, 앞의 책, 앞의 논문) Loc. cit.(한번 인용한 것을 완전히 반복해서 인용할 경우–거의 사용하지 않음)가 있다. 간략하게 예시만 보기로 한다.

---

1) 안승범 · 황영미, 『영화로 읽기 영화로 쓰기』, 푸른사상, 2015, p.135.
2) Ibid. p.121. (혹은) 위의 책, p.121.
3) 오혜진, 『시대와의 감흥, 역사추리소설』, 도서출판역락, 2021, pp.48~50.
4) 안승범 · 황영미, Op.cit., p.144. (혹은) 안승범 · 황영미, 앞의 책, p.144.

(5) 각주에 대한 연습문제

연습문제 1

저자는 '이어령'이다. '회개없이 돌어온 탕자(차례 부분에 나옴)'라는 부분에서 116페이지를 인용하였다. 2018년 '열림원'에서 재판으로 출판되었으며, 책 제목은 '지성에서 영성으로'이다. 출판사의 소재지는 경기도 파주시 회동길 152이다.

▶

연습문제 2

저자는 Mark Turner이며 책제목은 More than Cool Reason이다. 이 책의 Death라는 부분에서 33페이지를 인용했다. 이 책은 Chicago에 있는 University of Chicago Press에서 1989년에 출판했다.

▶

연습문제 3

'돈의 지혜'라는 책에서 45~46페이지를 인용하였다. 이 책은 '서울 마포구 월드컵 북로5'에 있는 '흐름출판'에서 출간하였다. '2019년'에 '초판' 1쇄로 나왔다. 이 책을 남서울대 도서관에서 대출하여 보았는데, 이 책의 번역자는 '이세진'이고, 원저자는 '파스칼 브뤼크네르'였다. 직접 참조한 부분은 '프랑스에서 돈은 금기다'였다.

▶

연습문제 4

'프랑스 왕정 시대의 헤어미용사 연구'라는 제목의 논문에서 16페이지를 인용했다. 이 논문은 '2019년 8월'에 '신라대학교 산업융합대학원 미용향장학과, 석사학위논문' 으로 인준(통과)되었고, 저자는 '이소라'이며, 직접 참조한 부분은 '미용사의 역사'이다.

▶

연습문제 5

이 논문은 '역사학보'의 '243집'에 실렸고, 인용한 페이지는 420~421이다. 논문의 저자는 '유재빈'이다. 발표된 논문 제목은 '한국미술사, 주제의 확장과 인식의 심화'이 다. 국회도서관에서 전자매체를 이용하여 다운로드하였으며, '역사학회'가 이 학술지 를 2019년 9월 30일 발행하였다.

▶

연습문제 6

2020년 1월 8일자 동아일보 신문에 '법정에선 특혜가 인정되지 않는다'라는 기사 가 실려 있었다. 이 기사를 인터넷 '동아닷컴'에서 2020년 1월 8일에 접속하여 이를 검색, 인용하였다. 이 기사를 작성한 사람은 '정원수'이며, 인터넷 주소는 http://www. donga.com/news/Column/article/all/20200107/99127419/1이다.

▶

학술적 글쓰기에서는 대부분 인용과 주석을 통해 자신의 주장을 논리적으로 세워 나간다. 인용과 주석에 해당하는 자료는 많고 다양하다. 그리고 그 중에는 직접인용 된 자료도 있고, 간접 인용된 자료도 있으며, 그냥 정보로 참조한 자료도 있을 것이 다. 그런데 이것들이 주석의 형태로 산만하게 흩어져 있기 때문에 그 자료들을 일목 요연하게 볼 수가 없다. 그래서 학술적 글쓰기가 마무리될 때에는 이것을 정리하여 보여줄 필요가 있다. 학술적 글쓰기에 사용된 여러 가지 정보나 논거 자료, 각종 서지 등을 질서정연하게 소개해주는 것을 바로 참고문헌 작성이라고 한다.

참고문헌 작성이 중요한 핵심적인 이유는 다음과 같다. 하나는 학술적 글쓰기가 일반적인 경험에 의해 쓰여진 것이 아니고 전문가에 의해 연구된 자료에 의해 쓰여 졌다는 것을 보여준다는 점이다. 다른 하나는 글쓴이의 참고문헌을 통하여 글쓴이의 연구 주제와 연구 취향을 판별할 수 있다는 점이다. 마지막으로는 글쓴이의 연구주제 에 대해 관심과 흥미를 지닌 다른 연구자에게 참고자료에 대한 편의를 제공해줄 수 있다는 점이다. 그러므로 모든 학술적 글쓰기에서는 될 수 있으면 참고문헌을 작성해 주는 것이 좋다.

참고문헌 작성 방법은 다음과 같다.

※ 작성 순서는 일반적으로 저서, 학술논문, 학위논문 순으로 한다.

※ 저서는 저자, 저서명, 출판사명, 출판연도 순으로 작성한다.

　학술논문은 필자명, 논문명, 게재지명, 권호수, 출판연도 순으로 작성한다.

　학위논문은 필자명, 논문명, 학위수여기관과 학위종류, 연도 순으로 작성한다.

※ 참고문헌을 배열할 때에는 국문문헌을 먼저 쓰고 그 다음에 서양문헌을 쓴다.

※ 국문문헌은 필자 성명의 가나다 순으로 작성하고, 서양문헌은 필자의 성의 알파벳 순으로 작성한다.

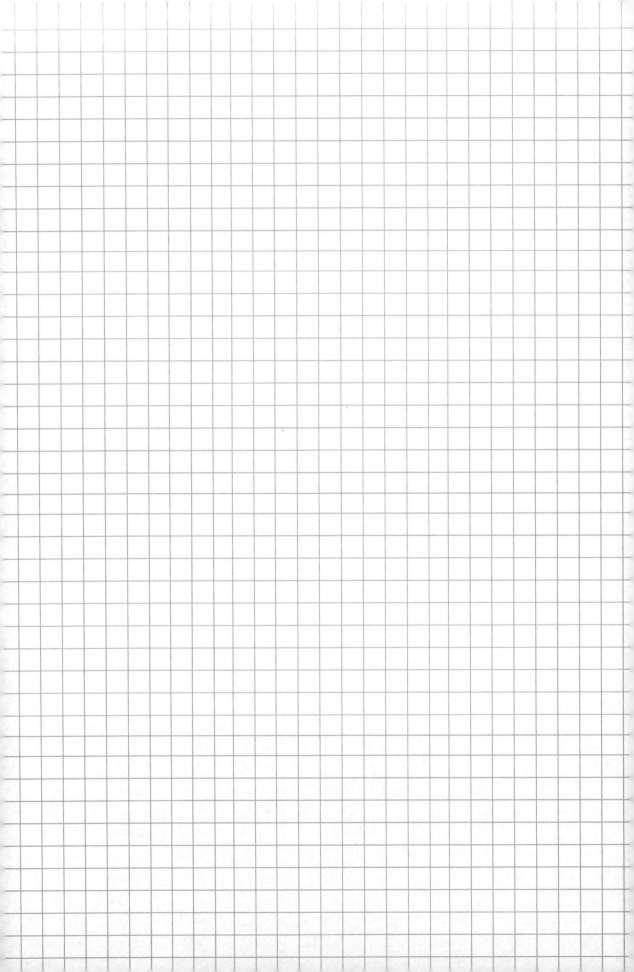

3 텍스트 요약 및 논평

1 텍스트 요약

(1) 요약의 개념 및 목적

텍스트를 요약한다는 것은 읽은 내용의 분량을 평면적으로 줄여서 그 양을 적게 한다는 뜻이 아니다. 요약은 그 글에 나타난 핵심적인 내용들, 예컨대 글쓴이의 생각, 주장, 문제, 주제, 화제 등을 객관적으로 간결하게 정리하는 것이다. 부연하면 글쓴이가 전달하고자 하는 가장 핵심적인 내용과 문제를 객관적으로 간결하게 정리하는 것이다.

우선 요약을 잘하기 위해서는 텍스트를 꼼꼼하고 정확하게 읽어야 한다. 그리고 읽는 중에 모르는 어휘나 내용이 있으면 반드시 이를 찾아보고 해결해야 한다. 뿐만 아니라 내용을 다 이해할 때까지 반복적으로 읽어야 한다. 이렇게 읽다 보면 자연스럽게 텍스트의 구성이나 글의 전개방식, 그리고 논지, 문제, 목적, 주장, 관점 등을 명료하게 가려낼 수 있게 된다. 지엽적인 내용을 버리고 중심적인 내용만을 취할 수 있다. 그래서 학술적 글쓰기에는 요약이 필요한 것이다.

그뿐만이 아니라 요약을 잘해야 논평에서도 좋은 성과를 거둘 수 있다. 가령 어떤 문제점을 놓고 찬성과 반대로 나뉘어 논평할 경우 상대방의 글을 꼼꼼하게 읽고 그 것을 잘 요약해야 상대방의 장단점을 명료하게 파악할 수 있다. 그런 가운데 상대방의 약점을 중심으로 논평하면 효과를 거둘 수 있는 것이다. 또한 어떤 긴 글을 요약해서 인용할 경우에도 정확하게 인용할 수 있게 된다. 이렇게 요약은 중요한 목적을 지닌다. 그런 만큼 학술적 글쓰기를 할 때에는 될 수 있으면 요약하는 것을 병행해야 큰 효과가 있다.

(2) 요약의 지침

요약을 잘하기 위해서는 약간의 지침이 필요하다. 먼저 텍스트를 읽으면서 필자가 다루고 있는 문제가 어떤 것일까 하는 의문을 늘 상기해야 한다. 다음으로는 필자가 글에서 핵심적으로 주장하려는 내용이 무엇일까, 주장하고 있는 결론은 무엇일까 하는 주제를 지속적으로 떠올려야 한다. 그리고 필자가 자기주장을 위해 내세우고 있는 근거는 어떤 것인가 하는 것을 꼭 체크해야 한다. 마지막으로 필자가 자기 논리를 펴기 위해 중요하게 사용하는 핵심적인 단어들이 어떤 것인가 하는 것도 메모할 필요가 있다. 이러한 지침을 따라 요약하면 성공적인 결과물을 만들 수 있을 것이다.

요약의 지침을 따라 그 원칙을 구체화하면 다음과 같다.

㉮ 요약한 글도 완전한 한 편의 글로 구성되어야 한다.
㉯ 요약한 글도 독자성을 지닌 텍스트가 되어야 한다.
㉰ 사소한 내용은 버리고 중요한 내용을 취해야 한다.
㉱ 요약한 글은 구체적인 내용보다는 일반적인 내용으로 체계화되어야 한다.
㉲ 요약한 글에는 사적이고 주관적인 견해가 들어가지 않도록 해야 한다.

(3) 요약의 방법

요약할 때에는 다음과 같은 방법으로 하면 좀 더 쉽게 할 수 있다.

㉮ 화제문장(주제문장) 중심으로 요약한다.
㉯ 핵심어(의미상 강조되는 말도 포함됨) 중심으로 요약한다.
㉰ 반복되는 단어 중심으로 요약한다.(반복은 주제를 전달하기 위해 쓰이는 말임)
㉱ 상위어(일반어) 중심으로 요약한다.
㉲ 말하는 이나 글쓴이의 특성을 고려하여 요약한다.
㉳ 모르는 내용, 어려운 내용은 다시 확인하여 요약한다.
㉴ 될 수 있으면 단락별로 요약한다.

(1) 논평의 기능

우리가 읽고 요약한 텍스트에는 대부분 해결해나가야 할 여러 가지 문제가 내재해 있다. 예컨대 나와 너 사이에 생겨나는 문제들, 나와 집단 사이에 생겨나는 문제들, 나와 사회 사이에 생겨나는 문제들이 있다. 이러한 문제들이 우리 앞에 놓여 있을 때에 이것을 풀지 않고 방치하거나 회피하면 어떻게 될까. 답은 간단하다. 나와 타자 사이에 갈등만이 존재할 것이다. 그리고 이러한 갈등은 자아정체성을 혼란케 하고 사회적 발전을 저해하는 부정적인 요소로 작용한다.

우리가 행복을 누리기 위해서는 나와 타자의 주장과 견해를 하나로 융합해야 한다. 다시 말해서 어떤 문제에 대한 해결 방법이 서로 통해야 한다. 바로 이것을 가능케 해주는 것이 논평의 기능이다. 논평은 나와 타자 사이에 존재하는 부정적인 장애물을 제거하여 그 공통의 목적을 이루게 해주는 기능을 한다. 좀 더 구체적으로 언급하면 설명적 설득, 논증적 설득을 통해 주어진 문제를 해결하는 기능을 한다. 이렇게 해서 우리는 나와 타자의 서로 다른 견해를 하나로 융합해 나갈 수 있다.

(2) 논평의 방법

문제해결을 위한 논평의 종류에는 크게 네 가지가 있다. 찬반양론형, 양시론, 양비론, 절충론이 그렇다. 이 중 대학생활에서 가장 필요로 하는 것은 찬반양론형의 논평 방법이다. 왜냐하면 찬반양론은 어떤 문제에 대한 가부를 명료하게 해주기 때문이다. 가령 원자력 발전소를 가동할 것이냐, 폐기할 것이냐? 하는 문제가 있다면 어떻게 논평할 것인가? 둘 중 하나를 분명하게 선택해야 하기 때문에 찬반양론형의 논평을 할 수밖에 없다.

만약에 양시론을 한다면 어떻게 될까. 상반되는 두 주장을 모두 옳다고 인정해줘야 할 것이다. 이렇게 되면 두 주장을 포용해주는 능력은 인정되지만 문제는 해결되지 않고 그대로 남아 있게 된다. 마찬가지로 양비론도 동일한 논리에 처한다. 양쪽의 주장을 모두 부정하기 때문에 풀어야 할 문제는 그대로 남는다. 예컨대 '해마다 공무

원의 수를 늘리는 것이 타당한가?'라는 문제가 있을 때, A라는 사람은 반대했고, B라는 사람은 찬성했다. 이럴 경우 논평을 하는 당사자가 A도 타당하고 B도 타당하다고 하면, 이것은 양시론이 되는 것이다. 또 '교양대학을 발전시킬 수 있는 방안을 제시하라'는 문제가 있을 때, 논평의 당사자는 그 방안을 제시하지 않고 A가 제시한 것, B가 제시한 것을 동시에 모두 부정하면 이것은 양비론이 된다.

절충론 역시 마찬가지이다. 절충론은 상호 모순에 처한다. 예컨대 인문대학에서 '문화콘텐츠' 과목을 필수 교양으로 개설해놓고 어느 학과에 맡길 것인지를 고민하고 있는데, 국문학과와 영문학과가 서로 맡겠다고 강하게 대립했다고 가정해보자. 이때 논평의 당사자가 '반은 국문학과가 맡고 반은 영문학과가 맡으면 되지'라고 하면, 이것은 절충론이 된다. 말에는 논리가 있으나 실제로는 실행할 수 없는 방법이다. 따라서 공허한 논리가 된다. 이런 점에서 실제로 문제해결의 능력을 크게 신장시켜주는 것은 찬반양론형 사유라고 할 수 있다.

찬반양론형의 방법으로 설득할 때에는 두 가지 입장을 견지해야 한다. 하나는 타자의 주장과 견해에 동의할 경우이고, 다른 하나는 타자의 주장과 견해에 동의하지 않을 경우이다. 전자일 때에는 동의하는 논거를 더욱 단단하게 보강해주면 되고, 후자일 때에는 동의할 수 없는 논거를 동원하여 반박하면 된다. 이때 감정적인 반박보다는 차분한 이성적 논리의 반박이 필요하다.

(3) 요약하기와 논평하기의 실제

[읽기 자료1]

결핍 없이 욕망할 수 있는가

요즘 청소년들에게 가장 심각한 문제 중 하나는 결핍을 경험할 기회가 없다는 겁니다. 아이가 수학에 관심을 갖기 전에 이미 부모가 아이에게 숫자를 가르쳐주고요, 아이가 책에 관심을 갖기 전에 글을 가르칩니다. 외국인과 얘기를 하고 싶다거나 영어로 된 영어 대사를 이해하고 싶다고 느끼기 전에, 영어캠프를 2주 정도 경험하게 해줍니다. '엄마, 나 영어 배우고 싶어'라는 마음을 먹기 전에 이미 영어가 자신의 삶 속에 들어와 있는 거죠. 스스로 학교 공부의 부족함을 깨닫기 전에 부모가 알아서 가장 좋은 학원을 알아보고 그곳에 보내다보니, 요즘 아이들은 학교를 다니는 동안 '나 이거 너무 하고 싶어!' 해서 뭔가를 배우는 시간, 무언가 열심히 활동하는 시간이 현저히 줄어들어 있습니다.

호기심이 많아서, 관심 있는 게 많아서 궁금한 것을 스스로 알아보고 탐구하는 것이 공부입니다. 그런데도 "아니, 좋아서 공부하는 사람이 어딨어요! 하라니까 하는 거지."라는 대답이 돌아옵니다. 공부해야 하는 이유를 모른 채, 특히 자신이 진정 뭘 하고 싶어 하는지 모른 채 세상이 요구하는 삶, 부모가 원하는 삶을 추구하죠. "너, 이 정도 점수면 ○○대학 갈 수 있겠다. 거기 지원해봐."라는 식으로, 세상이 세팅해놓은 배치표 사이에 자신의 삶을 구겨 넣는 거죠. 타인의 욕망을 내 욕망인 것으로 착각하며 우리 아이들은 살아가고 있습니다.

제가 몸담고 있는 '대학교'라는 곳은 뭘 해야 하는 공간일까요? '내가 진짜 원하는 게 뭔지를 알아내는 곳'이어야 합니다. 그러기 위해 대학생들은 이것저것 해보고, 여기저기 찾아가봐야 합니다. 온갖 분야를 구경하고 경험하고 물어볼 수 있어야 합니다. 부족하면 책을 통해 간접 경험도 해보고요, 인턴도 해보고 선배들을 찾아가 물어보고, 랩에 가서 실험도 해보면서 실험실도 어지럽혀야 합니다. 실제로 그곳에선 무슨 일이 벌어지고 있는지 경험해볼 기회를 학교가 제공해야 합니다. 학교는 실패가 용납되는 공간이자 시간이어야 합니다. 하지만 안쓰럽게도 우리 사회는 학생들에게 그런 시간과 기회를 부여하지 않습니다. 심지어 방학 때조차도 스펙 쌓기로 이력서에 들어갈 한 줄을 만들기 위해 애쓰고, 그러고도 자신이 정규직으로 제대로 취업할 수 있을지 확실하지 않은 불안과 절망 사이에서 심리적 방황만 하고 있습니다.

저는 우리 사회에 요구하고 싶습니다. 아이들에게 결핍을 허하라! '아, 심심해, 뭐 재밌는 거 없나' 할 수 있는 무료한 시간을 아이들에게 허락해야 합니다. 스스로 엉덩이를 떼고 일어나 재미있는 걸 찾기 위해 어슬렁거리는 젊은이로, 성취 동기로 가득찬 어른으로 성장하게 하는 길은 그들에게 결핍을 허하고 무료한 시간을 허락하는 것입니다. 그들이 방황하면 그 방황을 적극적으로 밀어주고, 실패하고 사고 쳐도 좋다고 믿어주는 태도가 필요합니다. 우리 모두는 어린 시절, 청소년 시절, 심지어 젊은 시절에 얼마나 미숙했습니까! 그 시간을 참고 기다려 주고 믿어주는 부모가, 학교가, 사회가 그들에게 필요합니다.

그렇다고 결핍이 항상 필요하고 좋은 것이냐 하면 그렇지만은 않습니다. 결핍도 어두운 면이 있습니다. 두 사례를 통해 여러분이 확인해 보시길 바랍니다.

여러분, '마시멜로 테스트'를 다들 들어보셨을 겁니다. 실험실에 4~5세 어린이들을 데려다 놓고, 잠시 실험자가 나가야 하는 상황을 만듭니다. 어린이에게 책상 위에 놓인 마시멜로를 먹어도 된다고 일러주면서, 만약 15분 동안 참고 먹지 않으면 돌아와서 마시멜로 하나를 더 주겠다고 사악한(?) 제안을 하죠. 그러고 나서 몰래카메라로 어린이들이 어떻게 행동하는지 관찰하는 유명한 행동 실험입니다. 컬럼비아대학교 심리학과 월터 미셸 교수는 이 실험에서 마시멜로를 먹지 않고 15분을 참아낸 아이들이 참지 못하고 먹어버린 아이들보다 나중에 SAT(대학입학시험) 점수도 평균적으로 무려 200점이나 더 높고, 연봉도 1만 5000달러 정도 더 많이 받는다고 했지요. 알코올중독에 걸릴 확률도 10분의 1에 지나지 않으며, 범죄를 저지를 확률도 15분의 1밖에 안 된다고 추적 조사를 한 바 있습니다. 다시 말해, 사회적 성취를 하는 데 있어서 충동을 억제하는 능력이 얼마나 중요한가를 단적으로 보여준 것입니다.

그런데 안타깝게도 어린 시절 결핍을 많이 경험한 사람들은 충동을 억제하는 능력이 떨어지는 경우가 많습니다. 사탕수수 농장에서 했던 실험이 있는데요. 사탕수수 농장에서는 사탕수수가 다 익어 경작이 끝나면 풍요로운 시간을 보낸다고 합니다. 당연히 그 직전에는 굉장히 빈곤하겠죠. 신경과학자들이 사탕수수를 추수하기 전후로 농장에서 일하는 사람들의 자기조절능력, 인지능력, 기억력, 주의력 등을 살펴봤다고 합니다. 그 결과 놀랍게도 풍요로운 시기에는 인지능력이 현저히 좋은 반면, 빈곤한 시기에는 테스트 결과 값이 시원찮았다는 거예요. 먹을 게 부족하면, '내가 이런 걸 왜 풀어야 되나' 싶기도 하고, 집중도 잘 안 되고, 짜증도 늘어나 동기부여가 안 된다는 거죠. 그것이 고스란히 결과에도 영향을 미치는 겁니다. 결핍이 의사결정, 특히 인간의 인지능력에 얼마나 부정적인 영향을 미치는지를 보여주는 사례인 거죠. 다시 말해 물질적 자원의 고갈이 정신적 고갈로 이어질 수 있음을 보여주고 있습니다.

저는 이 글에서 여러분에게 결핍의 두 얼굴을 이야기했습니다. 결핍은 때로는 우리에게 강한 성취 동기를 부여하고, 무언가를 열심히 할 의욕을 심어주고, 내 삶을 성장하게 하는 에너지가 될 수 있다고 했습니다. 하지만 지나친 결핍은 사람들의 생각을 좁게 만들고 자기 조절 능력을 떨어뜨리며 타인과의 관계를 왜곡시키는 정신적 병균으로 작용할 수 있습니다.

여러분에게 결핍은 무엇입니까? 여러분은 어떤 것들이 결핍되었습니까? 그 결핍이 여러분의 삶을 어떻게 만들었습니까? 내 삶에서 결핍이 어떤 의미인지 살펴보세요. '나는 어린 시절 무엇이 부족했나? 진짜 하고 싶었는데, 못한 것이 무엇인가? 그리고 그것이 지금도 나를 사로잡고 있는가?'라는 질문에 답해보세요. 여러분에게는 인생의 결핍과 대면할 용기가 있습니까? 그것이 열등감이나 정신적 병균이 아니라 삶의 에너지로 작용할 수 있도록 당당하게 대면할 용기를 가지세요. 결핍은 우리를 성장시킵니다.(정재승, 「결핍 없이 욕망할 수 있는가」 중에서. *논평에 맞추도록 하기 위해 원문의 일부 내용을 윤문했음)

※ 이 텍스트의 내용을 요약하고 이에 대해 논평해보자. 요약은 300자 내외로 하고, 논평은 900자 내외로 할 것. 전제 조건은 동의하면 동의하는 논평을, 동의하지 않으면 반대하는 논평을 써야 한다.

① '결핍 없이 욕망할 수 있는가' 요약:

청소년들에게 심각한 문제 중 하나는 결핍을 경험할 기회가 없다는 것이다. 아이들이 어떤 결핍을 느끼기 전에 부모가 알아서 미리 그것들을 충족시켜주고 있기 때문이다. 그래서 아이들은 스스로 원해서 배우고 경험하는 것이 아니라 세상이 세팅해 놓은 배치표를 따라 삶을 살게 된다. 알다시피 대학이란 공간은 진짜 원하는 삶을 알아내는 곳이다. 그럼에도 불구하고 대학 역시 세상이 세팅해놓은 것을 욕망하는 공간이 되고 있다.

대학생활에서 요구되는 것은 타인이 준 욕망의 충족이 아니라 바로 결핍이다. 강조하자면 우리 사회는 학생들에게 결핍을 허락해야 한다는 것이다. 그것을 위해 사회나 부모는 결핍의 시간을 기다려주고 밀어주기도 해야 한다. 물론 지나친 결핍은 부정적인 작용을 할 수도 있다. 충동억제 능력이 크게 떨어질 수 있기 때문이다. 지나친 결핍은 사람들의 생각을 좁게 만들고 자기 조절 능력을 떨어뜨리며 타인과의 관계를 왜곡시키는 정신적 병균으로 작용할 수 있다. 그러나 여러분께 권유한다. 우리를 성장시키는 결핍에 대면해 보라고.

연습문제 1 앞의 요약한 글에서 어느 점이 잘 되었는지 한두 줄로 정리해보자.

② 동의하는 논평

요즘 청소년들은 결핍을 경험할 기회가 거의 없다. 학교나 사회, 부모가 미리 모든 것을 실패하지 않고 살아갈 수 있도록 안내해주고 있기 때문이다. 미리 욕망을 충족시켜주고 있는 것이다. 그래서 학생들에게 자신이 진정으로 원하는 것이 무엇이냐 하고 물어보면 정작 학생들은 이에 대해 명쾌한 답을 제시하지 못한다. 자신이 무엇을 원하고 있는지를 경험하지 못했기에 명료하게 대답을 못하는 것이다. 이런 점에서 학생들에게는 욕망의 충족이 아니라 결핍이 요구되고 있다. 욕망의 결핍은 자신이 원하는 것이 무엇인지를 깨닫게 해주고 또한 찾아주는 작용을 하기 때문이다. 다시 말해서 욕망의 결핍은 사람을 목마르게 하고, 욕심을 갖게 하여 앞으로 나갈 수 있는 추진력을 제공해준다.

먼저 한 가지 사례를 보자. 유명 가수 악동뮤지션의 이찬혁은 홈스쿨링으로 중등과정을 하며 각종 후원금으로 생활했다고 한다. 어렵고 힘든 생활이었을 것이다. 그는 그러한 결핍의 여건 속에서도 자신이 원하는 것을 찾아 나갔다. 바로 음악이다. 정규음악 교육을 받지 못한 그이지만, 그는 굴하지 않은 열정으로 단지 기타 하나만을 의지하여 노래를 만들어왔다. 그런 결과 끝내는 멋진 음악의 실력자로 설 수 있었다.

이렇듯 결핍은 한 존재의 성장을 돕는 역할을 한다. 결핍은 어려운 여건을 만난다. 결핍을 경험하는 것은 그 어려운 여건을 이기는 것을 뜻한다.

　실제로 나도 그런 경험을 한 적이 있다. 내가 꼭 가지고 싶은 물건이 있었는데, 값이 비싸서 도저히 살 수가 없었다. 그렇다고 해서 쉽게 그것을 포기할 수도 없었다. 부모님의 사정을 잘 알고 있었기 때문에 떼를 쓰며 사달라고 할 수도 없었다. 그래서 나는 절박한 마음으로 홀서빙 알바를 했다. 힘든 알바였다. 손님들의 비위를 맞춰야 했으며, 사장님의 비위도 맞춰야 했다. 하지만 물건을 사야겠다는 일념으로 끝까지 일을 했다. 나는 그 일을 하면서 두 가지를 깨달았다. 하나는 결핍 때문에 새로운 일을 경험하게 되었다는 점이다. 또 하나는 그 홀서빙을 하면서 사람들을 즐겁게 해주는 심리를 터득하게 되었다는 점이다. 만약 나에게 그러한 결핍이 없었다면 이런 소중한 경험을 하지 못했을 것이다.

　결핍은 집중력도 높여주고 한계를 극복할 수 있는 인내력도 길러준다. 그러므로 결핍을 만났을 때 그것을 눈으로 가리고 괜찮은 척하며 살아서는 안 된다. 직접 맞서서 이기려고 노력해야 한다. 그럴 때에 극복은 우리에게 큰 성공을 가져다준다. 달콤한 행복을 가져다준다. 결핍이 요구하는 것은 노력과 극복이다. 예를 하나 들겠다. 경영학과인 나와, 또 친한 친구인 한 명은 다른 친구와 다르게 회계학원론을 어려워했다. 이해가 잘 되지 않았을 뿐만 아니라 문제를 잘 풀 수도 없었다. 나와 친구는 결핍 상태에 있었던 것이다. 그래서 우리는 그것을 해결하기 위해 회계학을 잘 아는 4학년 선배 한 분을 모시고 매주 한 번씩 모여 회계학에 대한 특강?(설명)을 들었다. 그 결과, 이전보다 회계학을 더 쉽게 이해하게 되었다.

　우리가 결핍을 긍정적으로 대하면 성취하는 법을 배울 수 있다. 시간이 걸리고 조금 인내력이 필요할 뿐이다. 무엇인가를 밭에 뿌리고 그 열매를 거두려면 시간이 필요한 법이다. 스포츠 경기인 올림픽에서 갑자기 유명해진 사람들이 있다. 축구, 수영, 역도, 양궁, 육상 등에서 갑자기 유명해진 사람들이 있다. 그런데 이런 사람들의 배후를 보면, 대부분 결핍 상태에 있었던 것으로 많이 드러났다. 결핍을 극복하기 위해 노력하고 인내하다보니 그 경기에서 이기게 된 것이다. 처음부터 탁월하게 잘 한 것이 아니었다. 따라서 결핍은 우리에게 꼭 필요하고 우리가 대면해야 할 긍정적인 요소라고 할 수 있다.

연습문제 2 이 논평의 글에서 어느 점이 잘 되었는지 간단하게 논평해보자.

③ 〈동의하지 않는 논평〉

이 글에서 글쓴이는 결핍을 긍정적으로 옹호하고 있다. 삶을 유익하게 해준다는 것이다. 그러나 나는 오히려 결핍은 삶에 방해 요소가 된다고 생각한다. 우선 결핍이란 무엇인지 알아보자. 결핍의 사전적 정의는 "있어야 할 것이 없어지거나 모자람"이라는 뜻이다. 이 뜻대로 보면, 너무 부정적인 내용을 담고 있다. 그런 만큼 결핍이 심할수록 우리는 아무 것도 가질 수 없게 된다. 무에서 유를 만들어낸다는 말은 거의 말장난에 불과하다. 실제로는 뭐라도 있어야 이것을 가지고 어떤 일을 할 수 있는 것이다.

요즘 사회에서 자신의 확고한 꿈을 가지고 있는 학생은 드물다. 왜냐하면 결핍에 너무도 시달리고 있기 때문이다. 자기가 가진 것이 어느 정도 충족되어 있다면, 어느 정도 욕망을 채우고 있다면 그렇지 않을 것이다. 이런 점에서 결핍은 학생들에게 부정적으로 작용한다. 우리가 경제적으로 여유로웠다면, 급하게 직업을 선택하지 않아도 괜찮았다면 우리는 여러 가지 일을 시도해 볼 것이다. 그런데 실제로 결핍이라는 요소 때문에 사회는 우리에게 그것을 허락해주지 않는다. 사회는 실패를 용납해주지 않고 기다려주지도 않는다.

나는 결핍이 없는 친구를 알고 있다. 그 친구는 아버지의 회사를 물려받기로 되어 있다. 그러니 마음에 여유도 있고 직업에 대한 안정성도 있어, 뭐든 자기가 하고 싶은 대로 자유롭게 할 수 있었다. 취미 생활도, 여행도, 그리고 자기가 경험하고 싶은 여러 가지 일을 시간을 가지고 이루어나갈 수 있다. 그 친구는 그러한 경험을 통해 자신이 가진 능력과 재능이 어떤 것인지를 알게 되었다. 곧 자신이 진정으로 좋아하는 일이 무엇인지를 알게 된 것이다. 만약에 이 친구에게 결핍이 있었다면 어떻게 되었을까. 아마도 불가능했을 것이다. 생계 걱정에 그런 꿈을 가져보지도 못했을 것이다.

또한 굳이 결핍을 통해서 어렵게 삶을 살 필요가 있을까 하는 생각이 든다. 글쓴이는 아이들이 외국인과 얘기하고 싶다고 하기 전에 미리 영어 캠프를 경험하게 해주는 것이 별로 좋지 않다고 했다. 그런데 이것도 달리 보면 도움이 된다. 부모가 시켜서

한 일이지만 이것을 통해서 영어에 흥미를 느낄 수도 있기 때문이다. 뿐만 아니라 부모의 경험과 판단은 아이들에게 시행착오를 줄여줄 수 있는 선행학습도 된다. 아이들이 마냥 좋아하는 것만을 해주게 된다면 어떻게 될까. 오히려 더 큰 문제가 될 수도 있다. 경험이 적은 탓에 실패와 좌절을 많이 경험할 수 있기 때문이다.

결핍에 의해서 멋있게 성장한다는 말은 너무나 이상적인 말에 가깝다. 그리고 그것은 진취적인 극소수의 학생들에게만 해당되는 말이다. 결핍은 우리에게 방해가 될 수가 있다. 물리적 정신적 고갈은 우리를 여유 없게 만들고 생각을 좁게 만든다. 반대로 결핍 없이 욕망이 충족된다면 그 속에서의 다양한 경험과 실패를 통해서 진정으로 자신이 원하는 것을 찾을 수 있을 것이다. 그러므로 결핍은 우리들이 살아가는 데 장애가 될 수 있다. 따라서 나는 결핍보다는 충족이 낫다고 생각한다.

연습문제 3 이 논평의 글에서 어느 점이 부족한 것인지 간단하게 논평해보자.

[읽기 자료2]

과학자의 길-조국애인가, 인류애인가?

"과학에 국경이 없다"는 명제에는 인류애라는 과학의 이상(理想)이 담겨 있다. 반면에 "과학자에게는 조국이 있다"는 명제에는 조국애라는 과학자의 현실(現實)이 강조되고 있다. 따라서 과학을 하는 과학자는 인류애와 조국애의 가치충돌에 흔들릴 수밖에 없는 운명적 존재처럼 보인다. 흔들림의 진폭(振幅)은 전쟁과 같은 극단의 시기에 최대로 벌어진다. 조국의 승리를 위해 인류의 생명을 위협하는 무기개발에 앞장설 것인가, 아니면 인류의 피해를 줄이기 위해 무기개발에 앞장서라는 조국의 부름을 거부할 것인가?

과학의 역사에서 전자를 선택한 대표적 과학자로는 독일의 프리츠 하버가, 후자를 선택한 대표적 과학자로는 미국의 로버트 오펜하이머가 꼽힌다. 둘 모두 유대인으로 전쟁무기 개발에 앞장섰으며, 하버는 "독가스의 아버지"로 오펜하이머는 "원자폭탄의 아버지"로 불리는 등 공통점이 적지 않지만 오펜하이머는 전후에 수소폭탄 개발에 적극 반대함으로써 하버와는 다른 길을 걸었다.

하버의 이야기는 흔히 "과학의 빛과 그림자" 또는 "두 얼굴의 과학"으로 그려지곤 한다. 과학의 역사에서 그는 암모니아 합성과 함께 화려하게 등장한다. 20세기 초, 인공질소비료의 개발은 과학계의 숙원이었다. 공기 중의 풍부한 질소(N)는 식물의 필수 영양소이지만 식물이 직접 이용할 수 없다.

농민들은 질소비료를 칠레초석에서 얻고 있었지만 칠레초석이 천연자원이었던 까닭에 오래지 않아 고갈될 운명이었다. 과학자들은 공기 중에 풍부한 질소에서 질소비료를 얻는 꿈을 꾸기 시작했지만 실패만 거듭할 뿐이었다. 그때 하버가 암모니아 합성이라는 새로운 길을 개척하여 힘겹게 성공해낸 것이다. 일단 암모니아를 합성하면 그로부터 질소비료를 얻는 것은 힘든 일이 아니었다. 이렇듯 하버는 하버-보쉬 공정을 통해 암모니아를 대량으로 생산해냄으로써 인류의 먹을거리를 획기적으로 개선할 수 있는 길을 열었다. 1918년, 이 공로로 하버는 보쉬와 함께 노벨화학상을 받았다. 하버의 과학은 인류에게 큰 축복이었고, 빛이었다.

하버는 유대계 독일인이었지만 기독교로 개종하는 등 평생을 자랑스러운 독일인으로 살고자 했다. 제1차 세계대전이 발발하자 그는 무기개발에 적극 뛰어들었다. 자신의 전문지식을 총동원하여 조국의 전쟁승리에 기여하고자 했던 것이다. 자신이 합성한 암모니아를 이용하여 폭약 원료인 니트로그리세린(다이나마이트의 원료이기도 하다)을 개발하고, 독가스 개발에도 적극 나섰다. 1915년, 서부전선에서 그가 개발한 독가스가 최초로 사용되었다. 염소를 사용한 이 공격에서 5,000명 이상의 연합군 병사들이 떼죽음을 당했다. 그 후 연합군도 이에는 이로 맞대응하면서 많은 양의 독가스가 전선에 살포되었고, 전쟁기간 동안 10만 명 이상의 병사들이 독가스로 죽었다. 그리고 그보다 훨씬 많은 병사들이 후유증에 시달렸다. 독가스는 적은 비용으로 적군의 피해를 극대화할 수 있는 수단으로 인식되어 오늘날에도 전쟁에서는 물론 테러에서도 사용되고 있으며, 이로 인해 적지 않은 피해자가 발생하고 있다. 이런 점에서 하버의 과학은 인류에게 큰 재앙이었고, 큰 어둠이었다.

하버는 조국을 위해 무기개발에 앞장서고, 독가스를 개발한 것을 당연한 일로 여겼다. 같은 화학자이자 그의 아내인 클라라 하버가 남편의 독가스개발을 저지하다 여의치 못하자 그의 권총으로 자살한 후에도 그는 주저 없이 연구에 매진했으며, 전쟁 후에도 조국을 위해 헌신했다. 패전국 독일이 막대한 전쟁배상금을 물어야 할 처지로 내몰리자 1톤의 바닷물에 65g의 금이 녹아 있다는 사실에 착안하여 바닷물에서 금을 캐내려는 원대한 계획을 세웠다. 캐낸 금보다 금을 캐내는 데 더 많은 돈이 들어간다는 사실이 드러나면서 그의 계획은 실패로 끝나고 말았지만 그의 애국심을 새삼 확인할 수 있는 일화이다.

과학의 역사에서 오펜하이머는 핵무기 개발계획인 맨해튼 프로젝트와 함께 등장한다. 독일계 유대인 이민자 출신의 미국 물리학자인 그는 이 사업의 과학기술 부문 총책임자였다. 핵무기 개발사업의 산실인 로스알라모스연구소가 뉴멕시코의 사막에 자리 잡은 것도 그의 추천에 의한 것이다. 그의 별장이 그곳에서 멀지 않은 곳에 있어 그가 주변 지형을 잘 알았던 까닭이다. 신비로운 매력의 소유자인 그는 과학자이자 관리자로서 탁월한 능력을 발휘하여 핵무기 개발에 성공했지만 그 위력을 직접 보고 나서 심각한 우려를 표했다. 최초의 핵폭발실험인 트리니티가 끝난 직후 방공호를 걸어 나오며 침울한 표정으로 힌두 경전인『바가바드기타』의 한 구절을 읊조린 것으로 유명하다. "나는 이제 세계의 파괴자, 죽음의 신이 되었다."

맨해튼 프로젝트의 참여를 조국애를 위한 인류애의 희생으로 볼 필요가 없다는 해석은 충분히 가능하다. 그 당시 연합군에서 독일보다 핵무기를 먼저 개발해야 한다는 생각이 폭넓게 공유되고 있었기 때문에 핵무기 개발 참여가 오히려 인류애의 발동에 따른 것이라는 측면이 없지 않은 까닭이다. 1939년, 아인슈타인이 루즈벨트 미국 대통령에게 핵무기 개발에 빨리 나서라는 내용의 편지를 쓴 것도 이런 이유 때문이었다. 그런데 각고의 노력 끝에 핵무기를 개발하자 상황이 달라졌다. 독일은 이미 항복한 뒤였고 엄청난 파괴력을 고려했을 때 굳이 핵무기를 쓸 필요가 없어졌다. 그럼에도 불구하고 미국은 정치적 판단으로 핵무기를 일본에 투하했고, 많은 민간인의 희생 끝에 제2차 세계 대전은 대단원의 막을 내렸다. 핵무기 투하와 많은 희생자들의 소식을 접했을 때 알라모스의 일부 연구자들은 이렇게 되뇌었다고 전해진다. "우리가 도대체 무슨 짓을 한 거야?"

소련의 핵무기 개발 성공은 냉전 분위기 속에서 핵무기 무한경쟁을 부추겼고, 원자폭탄의 수백 배에 달하는 파괴력을 지닌 수소폭탄 개발이 현안이 되었다. '수소폭탄의 아버지' 에드워드 텔러가 소련을 압도할 수 있는 보다 강력한 수소폭탄의 개발을 주창할 때 오펜하이머는 수소폭탄 개발에 적극 반대했다. 그는 유명한 양자물리학자인 닐스 보어를 비롯한 많은 물리학자들이 주창한 원자력의 국제통제에 동의했다. 각국이 원자력에 대한 주권을 포기하고 비밀 없이 모든 내용을 공유하는 국제적 통제기구를 만들자는 주장이었다. 자신의 뜻을 관철하기 위해 노력했으나, 1950년대 미국을 휩쓸었던 매카시의 광풍 속에서 청문회에 끌려나와 비밀정보를 소련에 넘겼다는 혐의로 사상검증을 당하는 치욕을 당했다. 그 결과, 그는 핵 관련 비밀정보에 접근할 수 있는 권리를 박탈당하고 원자핵 관련 정책에서 완전히 배제당한다. 그렇지만 바로 그런 이유로 오펜하이머는 인류의 평화를 위해서 국가의 잘못된 명령을 거부한, 하버와는 정반대의 길을 걸었던 과학자로 평가되고 있다.

우리는 앞에서 두 과학자의 서로 상반되는 길을 살펴봤다. 요약하면, 조국애를 위해 인류애를 저버린 하버와 인류애를 위해 조국애를 포기한 오펜하이머 정도가 될 것이다. 이쯤에서 우리는 '나쁜' 과학자 하버와 '좋은' 과학자 오펜하이머를 만난다. 여기에 교훈이 뒤따른다. 과학자라면 하버가 아니라 오펜하이머의 길을 가야 한다.

(강윤재, 『세상을 바꾼 과학논쟁』 중에서)

⊙ 요약하기 및 논평하기 실습

*과학자의 길─조국애인가, 인류애인가?(읽기 자료 2)를 요약해보고, '조국애'와 '인류애'가 충돌할 때에 과학자는 어떤 것을 먼저 선택해야 하는지에 대한 본인의 견해를 제시해 보시오.

① 요약(300자 내외)
② 논평하기(1,000자 내외)

4 보고서와 학술논문 작성법

1 보고서 작성법

(1) 보고서의 개념 및 목적

일반적으로 대부분의 대학생은 학기 중에 최소 한두 번 이상 보고서를 작성한다. 그런데 보고서를 작성하면서도 보고서가 무엇인지, 혹은 왜 보고서를 작성해야 하는지를 모르고 자기 경험에 의지해서 무턱대고 작성하는 경우가 많다. 보고서의 개념과 목적을 모르는 채, 제출하는 데 큰 의미를 두고 작성하는 경우가 많다는 사실이다. 똑같은 보고서를 작성하더라도 그 개념과 목적을 알고 작성하면 매우 큰 효과를 볼 수 있다.

대학에서는 매 학기마다 많은 종류의 수업이 이루어진다. 교수들은 그 수업을 통해서 교양과 전공에 관련된 내용을 설명도 하고 설득도 하면서 학생들에게 전문적인 지식과 정보를 전달한다. 학생들은 그 지식과 정보를 배우고 익히면서 학습세계를 넓혀나갈 뿐만 아니라 새로운 지식을 창조해낼 수 있는 기반을 쌓는다. 문제는 교수와 학생 사이에 생성된 지식과 정보가 학생들에게 올바르게 전달되었는지, 또는 학생들이 제대로 이해하고 적용하고 있는지를 알 수 없다는 점이다. 그래서 교수들은 이를 확인 점검하고 또 피드백을 제공해주기 위해 과제로 보고서를 요구하게 된다. 그러니까 보고서는 각 교과목 내에서 배우고 익힌 내용에 대한 학습효과와 학습목표를 확인하고 보완하기 위해서 만들어진 양식이다. 이것이 바로 보고서의 개념이다.

그러므로 보고서는 학술논문처럼 아주 독창적이고 전문내용을 요구하지 않는다.

학습과정에서 얻은 지식과 정보를 얼마나 객관적으로 잘 표현할 수 있는가를 요구한다. 또 그 분야에 대한 주제를 얼마나 정확하게 인지하고 있는가를 요구한다. 이러한 과정을 통해서 학습능력을 신장시키고 나아가 새로운 지식을 창조할 수 있도록 이끌어주는 것이 바로 보고서의 목적이다. 보고서 작성에 대한 기초가 단단해지고 능숙해지면 전문적인 내용을 다룰 수 있는 학술논문 쓰기로 나갈 수 있게 된다.

(2) 보고서 종류

대학교에서 과제 형식으로 제출하는 보고서의 종류는 매우 다양하다. 그러므로 보고서의 종류를 모두 다 언급하는 것은 효과적이지 않다. 중요한 것은 다양한 종류의 보고서를 아는 것보다는 보고서의 형식대로 정확하게 작성할 수 있어야 한다는 것이다. 그래서 여기에서는 일반적으로 대학에서 가장 많이 쓰는 보고서의 종류를 소개하고자 한다. 보고서의 종류는 각 교과목이 요구하는 주제, 목적, 대상, 방법, 내용 등에 따라 다양하게 나누어진다.

먼저 조사보고서이다. 이 보고서는 어떤 특정 대상과 주제에 대해서 직접 현장 조사를 하고난 다음, 그 내용과 결과를 보고하는 글쓰기이다. 조사보고서를 작성할 때에는 조사대상, 조사목적, 조사방법, 분석방법 등을 명확히 제시해야 한다. 그리고 내용을 서술할 때에는 자료를 바탕으로 객관적인 태도로 해야 하며, 결론에서는 조사자의 의견을 타당성 있게 제시해야 한다. 조사 방법은 설문, 취재, 답사, 인터뷰 등 다양하다. 그리고 꼭 유념해야 할 것은 모든 자료와 데이터가 객관적이어야 한다는 사실이다.

다음으로 실험보고서이다. 이것은 실험을 통하여 어떤 특정 이론이나 가설의 타당성과 오류를 확인하고 분석하는 글쓰기이다. 이공계열의 대학에서 가장 많이 사용하는 보고서이다. 실험보고서를 작성할 때에는 실험 대상, 실험목적, 실험방법, 분석방법 등의 자세한 내용을 객관적으로 제시해야 한다. 특히 중요한 것은 실험 과정을 거짓 없이 있는 그대로 정확하게 서술해야 하며, 실험내용도 산출된 그대로의 데이터를 가지고 객관적으로 분석해야 한다. 결론에서는 분석된 내용을 바탕으로 실험자의 의견을 제시해야 한다.

마지막으로 연구보고서이다. 연구보고서는 특정 연구 분야를 대상으로 해서 거기에 나타난 문제점을 발견하고 해결하는 과정을 보여주는 글쓰기이다. 그러므로 연구 배경,

연구 내용, 연구 범주, 연구 목적 및 방법 등을 제시해야 하고, 연구 결과를 도출하는 과정을 합리적으로 드러내야 한다. 그런 만큼 연구보고서는 전문적인 학술논문과 일정 부분 공유하는 면이 많다. 그렇다고 해서 연구보고서를 학술논문처럼 어렵게 쓸 필요는 없다. 학생들의 입장에서 보면, 기존 연구의 핵심적인 논점들을 종합 정리하면서 거기에 덧붙여 자신의 견해와 주장을 객관적으로 제시하는 정도면 충분하다.

(3) 보고서 쓰는 과정

보고서를 쓰는 형식은 주어진 과제마다 그 형식을 달리하므로 여기에서는 모든 보고서가 공통적으로 공유하는 부분을 중심으로 보고서 쓰는 과정을 살펴보기로 한다. 보고서는 학생들이 담당교수에게 제출하는 것이므로 일정한 형식과 체계를 갖추는 것이 좋다. 보고서를 읽고 판단하는 것은 보고서를 받은 담당교수이다. 그러므로 교수가 읽기 쉽도록 그리고 내용을 이해하기 쉽도록 작성해야 한다. 그렇게 되면 보고서의 내용이 잘 전달될 수 있으며, 또 자기의 견해로써 교수를 효과적으로 잘 설득할 수 있다. 그러므로 보고서의 일정한 형식과 체계는 글을 읽는 독자들을 위한 배려의 양식이 된다. 일반적으로 보고서를 작성하는 진행과정을 소개하면 '주제정하기, 자료 수집하기, 개요 짜기, 표지 작성, 목차 작성, 제목 달기, 서론 쓰기, 본론 쓰기, 결론 쓰기, 참고문헌 작성'이 된다.

1) 주제 정하기

보고서를 쓰고자 할 때에는 먼저 주제를 정해야 한다. 흔히 학생들은 담당 교과목 교수가 부여해주는 과제 내용을 그대로 주제로 정하는 경우가 있다. 엄격히 말하면 이것은 주제가 아니라 글 쓸 대상을 지정해준 것이 된다. 다시 말하면 써야 할 글의 내용의 범주, 곧 가이드라인을 제시해준 것이다. 예컨대 교양과목을 수강했는데 '조선시대 미술의 특성'이라는 과제를 부여받았다면, 학생들은 주제와 제목도 '조선시대 미술의 특성'이라고 그대로 인용하여 적는다. 이것은 좋은 보고서가 될 수 없다. 동일한 과제를 부여받아도 본인이 작성하는 보고서의 주제와 제목은 다른 학생들과 달라야 한다. 변별력이 있어야 좋은 보고서가 되는 것이다.

그 출발점이 바로 주제정하기이다. 주제를 정할 때에는 본인이 가장 잘 알고 있는 것, 독자들(교수)이 관심과 흥미를 가질 수 있는 것, 가장 잘 설명하고 설득할 수 있는 것을 주제로 정하면 좋다. 예컨대 '조선시대 미술의 특성'이라는 과제를 부여 받았다면, 학습과정 중에서 가장 잘 알고 있는 것, 가장 관심을 갖게 된 화가를 주제로 정하면 좋을 것이다. '조선시대 화가 김홍도 그림의 특성'으로 말이다.

2) 자료 수집하기

보고서에 대한 주제가 정해졌다면 그 다음에는 주제를 실현할 수 있는 정보와 자료가 있어야 한다. 집을 지을 때 여러 가지 자재가 필요하듯이 주제를 글쓰기로 옮기려면 주제를 밑받침할 수 있는 자료가 풍부해야 한다. 자료가 풍부할수록 주제를 실현하기가 더 쉬워진다. 정보와 자료를 찾는 방법은 매우 다양하다. 인터넷의 지식백과, 웹사이트, 블로그, 카페 등에서 찾기도 하고, 또 학술연구정보서비스, 국회도서관, 국립중앙도서관 사이트에 접속해서 찾기도 한다. 뿐만 아니라 학교도서관, 공공도서관을 직접 방문하여 찾기도 한다.

그런데 가장 중요한 것은 그 찾은 자료가 신빙성이 있어야 하고, 보고서를 작성하는 데 도움을 주어야 한다는 점이다. 상식적이고 일반적인 자료, 출처를 알 수 없는 자료, 신뢰성이 떨어지는 자료는 과감하게 버려야 한다. 검증된 자료, 질 좋은 자료, 전문가가 쓴 자료를 취하여 글을 써야 한다. 그래야만 주제에 합당한 멋진 보고서를 작성할 수 있다.

3) 개요 짜기

개요 짜기의 방법에 대한 것은 제3장 화제 및 개요 작성에서 자세히 설명한 바 있다. 여기에서는 개요 짜기의 실질적인 적용에 대해서 설명하고자 한다. 개요 짜기는 글의 전체 흐름을 이끌어가는 주도적인 역할을 한다. 그러므로 개요 짜기만 보아도 어떤 내용인지를 누구나 명료하게 알 수 있어야 한다. 부연하면 개요에는 글의 주제에 맞는 명료한 내용이 뚜렷하게 나타나야 한다는 것이다.

개요 짜기를 할 때에는 먼저 글의 구성을 어떻게 할 것인지를 정해놓는 것이 좋다. 예컨대 '서론-본론-결론' 구성으로 할 것인지, 아니면 '기-승-전-결' 구성으로 할 것인지를 정해놓고 이에 맞는 개요 짜기를 해야 한다. 뿐만 아니라 글의 주제에 따라 시간적 구성으로 할 것인지, 아니면 공간적 구성으로 할 것인지, 아니면 원인과 결과, 비교와 대조의 구성으로 할 것인지에 대한 방법을 선정해놓고 개요 짜기를 해야 한다. 마지막으로 개요 짜기가 완성되었을 경우에는 개요 짜기의 모든 항목이 합리적 논리적으로 잘 연계되었는지를 검토해야 한다. 연계성이 떨어지면 글이 내용이 주제를 벗어날 수도 있고, 또 산만해질 수도 있다. 그리고 통일성, 체계성, 강조성이 잘 드러나도록 개요 짜기를 해야 한다. 그러면 완성도가 높아진다.

4) 표지 작성 및 목차 작성

보고서는 학생들이 교수에게 제출하는 양식이다. 그러므로 보고서의 격식을 갖추는 것이 좋다. 그 격식은 형식적인 차원에만 그치지는 않는다. 그 격식은 읽는 교수(독자)로 하여금 글에 대한 내용을 미리 알게 해주는 동시에 글쓴이의 정보를 알게 해준다. 격식은 글을 편하게 읽을 수 있도록 심리적 안정을 제공해준다. 보고서의 격식 중에서 이런 역할을 해주는 것이 다름 아닌 표지이다. 따라서 될 수 있으면 모든 보고서에서는 표지를 작성해주는 것이 좋다.

보고서마다 따라 표지를 작성하는 양식에는 다소간의 차이가 있지만 일반적으로 '제목, 교과목명, 담당교수 이름, 학생 이름, 학번, 학과, 제출일' 등을 넣어 작성하면 된다. 이 외에 필요한 정보가 있으면 더 추가해서 작성한다. 물론 표지에 글의 내용에 해당하는 목차를 넣을 수도 있다. 이 경우에는 목차의 양이 많지 않아야 한다. 만약에 목차의 내용이 많다면 표지와 다음 장에 따로 작성하면 된다. 그리고 표지는 첫 이미지인 만큼 글자크기, 글자모양 등을 보기 좋게 디자인하면 더욱 좋다.

한국문화 이중성의 원천과 극복

과 목 명 :
담당교수 :
학　　과 :
학　　번 :
성　　명 :
제 출 일 :

차 례

1. 머리말
2. 이중성의 사회 · 문화적 구조와 현상
3. 이중성의 사상적 뿌리
4. 이중성의 극복
5. 맺는 말

5) 제목 달기

　보고서는 글의 유형에 따라 다양한 제목을 붙일 수 있다. 어구나 어절로 표현하거나 하나의 문장으로 표현할 수도 있다. 다만 주의할 것이 있다. 너무 단조로운 제목, 너무 긴 문장으로 된 제목, 상투적이고 상식적인 제목, 난해한 표현의 제목은 될 수 있으면 피해야 한다. 가벼우면서도 창의성이 깃든 제목을 달아야 한다. 좋은 제목은 글의 주제를 연상해주도록 하는 가운데 글의 본문의 내용을 미리 상상할 수 있게끔 해준다.

6) 서론 쓰기

보고서의 구성이 3단구성이든 4단구성이든 간에 서론 쓰기에는 공통적인 요소가 있다. 그것이 잘 드러나야 서론 쓰기가 성공할 수 있다. 우선 교수(독자들 포함)들이 관심과 흥미를 갖고 글을 읽을 수 있도록 주제와 관련된 참신한 소재를 가지고 쓰는 것이 좋다. 또 주제와 관련된 배경을 소개할 때에도 상식적인 것보다는 그 분야에서 쟁점이 되고 있는 핫이슈를 가지고 소개하면 큰 반향을 일으킬 수 있다. 그뿐만이 아니라 글의 목적을 제시할 때에도 자신이 새롭게 발견한 혹은 새롭게 창안한 내용을 제시하면 서론의 완성도가 매우 높아진다. 여기에다 좀 더 보탠다면 독자들이 본론을 속히 읽고자 하는 마음을 갖도록 그 내용을 구성해주면 더 좋다는 것이다. 주의 사항으로는 글을 지나치게 산만하게 쓰거나 또는 문장을 너무 길게 쓰면 안 된다는 것이다. 그리고 너무 지루하게 설명하거나 자신의 주관적인 생각을 강요하거나 주장해서는 곤란하다.

⊙⊙ 서론 쓰기 예시

아래 제시하는 사례는 실제 강의에 제출되어 평가를 받았던 보고서의 머리말 부분이다. 학생들에게 제시된 주제는 「한국인(문화)의 이중성에 관하여」였다. 서론(머리말)을 읽고 구성에 대한 평가를 해보기로 한다.

한국인의 이중성

1. 머리말

한국 식당에서는 아이가 식탁 위에 올라가고 뛰어다니는 것을 쉽게 볼 수 있다. 누가 지적이라도 하면 아이 부모는 아이 기죽인다고 상관하지 말라고 한다. 또한 길거리에서 담배꽁초나 침을 아무데나 뱉지만 집에 가면 쓰레기통에 잘 싸서 버린다. 낮에는 성현처럼 혼전 동거한 여자를 비난하지만, 밤에는 모텔, 유흥업소를 찾아간다. 일본에게 위안부 사건에 대해 보상하라고 악을 쓰지만 베트남에서 한국인에게 희생당한 베트남인은 돌아보지도 않는다. 과거에 한국인이 독일에 가서 일한 것을 자랑스럽게 말하지만 한국에 거주하는 외국 노동자는 쓰레기처럼 쳐다본다.

한국 사회의 이중성은 일상생활에서부터 사회경제면까지 곳곳에 뿌리박혀 있다. 사적인 영역과 공적인 영역에서 하는 말과 행동이 다른 한국인이 일관되게 사회를 산다는 것은 어려워 보인다. 이러한 이중성은 어디에서 오는 것일까? 이 보고서에서는 한국인의 이중성과 그 원인을 생각해보고 이에 대한 대안을 살펴보겠다.

> ### 〈서론 쓰기 예시〉를 간략하게 평가해보기로 한다.
>
> #### ① 잘된 점
> · '머리말'은 두 개의 단락을 사용해서 보고서 전체의 윤곽을 간략하게 잘 제시하고 있다.
> · 공적 영역/사적 영역 구분이라는 일반적 논제를 통해서 문제의 원천을 적절히 드러내고 있다.
> · 글의 첫머리에 익숙한 현상들을 구체적으로 제시함으로써 독자의 관심을 이끌어내고 있다.
>
> #### ② 개선할 점
> · 과제로 제시되었던 포괄적 주제를 보고서의 제목으로 사용하고 있다. 보고서의 실질적 기술 내용에 부합하는 좀 더 구체적인 제목을 정했더라면 좋았을 것이다.
> · 첫머리에 너무나 잡다한 일상적 사례들을 제시하는 데 불필요하게 많은 지면을 할애하고 있어서 논의의 방향을 다소 분산시키고 있다는 단점이 있다. 첫 번째 제시된 아이의 사례가 이중적이라는 주제와의 관련성이 약하다.

7) 본론 쓰기

보고서의 평가는 거의 본론 쓰기에 의해 좌지우지된다. 본론은 학생들이 정한 주제에 대해서 스스로의 견해와 주장을 드러내는 내용이므로 그것이 명료하고 명확하게 잘 드러나야 한다. 자기의 견해와 주장을 잘 드러내기 위해서는 설명의 방법과 설득의 방법을 동원하여 서술하는 것이 좋다. 자기 경험에 의한 글쓰기는 감정적인 글쓰기가 될 뿐만 아니라 타당성을 획득하기 어렵기 때문이다. 설명과 설득의 방법으로 글을 구성하면 교수(독자)들로 하여금 자기 보고서에 동의하게 만드는 효과를 거둘 수 있다.

또 본론을 쓸 때에는 주제문을 글의 첫 문장에서 분명하게 제시해놓아야 한다. 주제문은 자신의 생각을 담고 있는 핵심적인 내용이다. 이것을 앞에 제시해놓으면 자신의 생각이 그 어느 것보다도 잘 전달된다. 뿐만 아니라 글을 쓰기도 훨씬 쉽고 편해진다. 주제문 다음에는 이를 설명하는 내용만 나오면 된다. 그리고 그 주제문을 설명할 때에는 이유와 근거, 예시 등을 들면 된다. 물론 근거 등을 제시할 때 여려 가지 시각적인 자료(도표, 사진, 그림 등)를 사용하면 훨씬 더 설득력이 높아진다. 더불어 적절한 인용과 주석도 자연스럽게 달 수 있는 여건이 마련되는 것이다.

다음으로는 설정한 주제에 맞게 쟁점 사항을 중심으로 차례대로 작성해가는 것이 좋다. 이렇게 하면 그 쟁점 사항에 대한 자신의 견해와 주장이 체계적으로 명료하게 드러나게 된다. 또 소주제에 해당하는 단락이 마무리되는 대로 거기에 소결론을 매듭지어 놓으면 좋다. 그러면 읽는 이도 쉽게 그 내용에 공감할 수 있다. 여기에 하나 더 첨가할 것은 쟁점 사항들(소주제)이 들어있는 '장절항목(차례)'의 표시를 분명하고 명료하게 제시해주어야 한다는 것이다. 본문의 '항목'을 제시하는 방법에는 여러 가지가 있으나, 여기에서는 일반적으로 많이 쓰이는 방법 한 가지만 제시하기로 한다. 보고서의 내용에 따라 이것을 참고로 해서 변형하여 사용하면 되기 때문이다.

⋯ <장절항목>의 예시

제1장
제1절
1. 항목에 해당하는 제목 넣기
    (1)소제목 넣기
    (2)소제목 넣기
2. 항목에 해당하는 제목 넣기
    (1)소제목 넣기
    (2)소제목 넣기

다음 예시는 '독거노인의 문제와 해결방안'이라는 주제로 작성한 글이다. 본론에 해당하는 두 단락을 소개한다.

⋯ <본론 쓰기 예시>

〈본론 쓰기 예시〉

1. 독거노인의 경제적 문제와 해결 방안
독거노인 문제는 크게 경제적 문제, 건강 문제, 사회적, 심리적 고립과 소외 문제로 나눌 수 있다. 먼저 경제적 문제를 보기로 하자. 경제적 문제는 인간관계, 여가활동, 정서, 심리적 위축 등 생활 전반에 영향을 미친다. 독거노인의 대부분은 스스로 부양할 능력이 없거나 자녀로부터의 경제적 부양을 기대하기 어려운 처지에 놓여 있다. 이러한 독거노인을 위해 기초생활보조금이 있지만 이는 아직

최저수준에 머물러 있다. 이러한 열악한 경제적 환경은 독거노인으로 하여금 절망과 외로움을 느끼게 하고, 심지어는 자살을 단행하게 한다. 특히 전세나 월세를 사는 독거노인들에게는 치명적인 것이 된다.

이러한 문제를 해결하기 위해서는 정부와 지방자치단체장들이 적극적으로 개입해야 한다. 또 사회 구성원 모두가 관심을 가지고 총체적으로 노력해야 한다. 먼저 정부는 기업과 연계하여 노인들의 일자리 창출을 위해 발 벗고 나서야 한다. 기업들이 생산 능력이 없는 노인들을 꺼리고 있기 때문에 쉽지만은 않다. 하지만 정부와 지방자치단체장들이 노인들에게 일자리를 주는 기업들에게는 세금을 크게 감면해주거나 기업들의 투자 유치에 인센티브를 주면 될 것이다. 그리고 노인들이 재취업할 수 있도록 정부와 지방의 여러 관공서를 통해 상시적인 재취업교육을 병행하면 더욱 효과가 있을 것이다.

연습문제

✓ 〈본론 쓰기 예시〉에서 잘된 점을 간단하게 평가해보자.

8) 결론 쓰기

대체적으로 결론은 쉽게 작성할 수 있다. 서론에서 제기하고 본론에서 논증했던 핵심내용들을 중심으로 체계적으로 요약하고 강조하면 된다. 요약을 할 때에는 항목에 해당하는 소제목 중심으로 하면 효과적이다. 조사나 실험보고서일 경우에는 처음부터 조사자가 의도했던 목표나 실험자가 설정했던 이론과의 연관성을 중심으로 요약하면 좋은 결론을 만들 수 있다. 그리고 요약 정리된 것에 대한 자신의 견해와 소감을 제시하면서 앞으로의 전망까지 언급해주면 더욱 좋은 보고서가 된다.

9) 참고문헌 작성

보고서를 작성하는 데 인용되었던 참고문헌은 필히 소개해주어야 한다. 그리고 직접 인용은 되지 않았더라도 글을 쓰는 데 큰 도움을 주었던 자료들은 소개해주는 것이 좋다. 보고서를 읽는 교수(독자)들은 참고문헌을 통해서도 보고서의 내용을 간접적으로 판단할 수 있기 때문이다. 따라서 될 수 있으면 보고서를 쓰는 데 신뢰성을 줄 수 있는 참고문헌을 소개해야 한다. 참고문헌을 작성하는 방법은 학술적글쓰기 제2장의 '참고문헌 작성법'에 자세히 소개되어 있다.

2 학술논문 작성법

(1) 학술논문의 개념 및 목적

대학생들은 졸업할 때까지 대부분 교양학문과 전공학문을 통해서 많은 정보와 지식을 쌓아간다. 교양과 전공학문에 내재된 내용들은 매우 다양하면서 그 폭도 넓고 깊다. 우리가 모든 것을 쉽게 이해할 수 없는 이유는 여기에 있다. 뿐만 아니라 종합적 사고를 요구하는 학문 영역에는 인간이 풀어야 할 많은 문제도 담고 있다. 그래서 학습과정 중에 습득한 지식과 정보로써 이러한 문제들을 해결해 나가야 할 때가 많다. 물론 경험적 능력으로 그 문제들을 해결해 나갈 수 있지만 그것은 금방 한계에 부딪히고 만다.

이 지점에서 바로 학술논문 쓰기가 요구된다. 학술논문은 지금까지 익힌 지식과 정보를 바탕으로 어떤 대상들을 단순하게 정리하고 전달하는 글쓰기가 아니다. 학술논문은 그 분야의 전공자로서 자신이 지닌 총체적인 지식을 총동원하여 어떤 문제에 대해 자신의 견해와 주장을 논리적으로 표현하는 학문적인 글이다. 그래서 학술논문은 다른 글쓰기와 달리 그 목적이 분명하다. 곧 학문적 영역에 나타난 어떤 특정 문제(주제)에 대해 지적하고 해결하여 그 타당성을 인정받아야 한다. 다시 말하면 문제를 제기하고 그 문제를 해결하여 학문적 성과를 보여주어야 한다는 것이다. 그 성과에 따라 새로운 이론이 나올 수도 있고 새로운 주장도 나올 수 있다.

1) 학술논문의 구비 조건

학술논문은 특정 분야의 주제를 다루고 있으므로 학술논문을 쓰려면 전문성을 갖추어야 한다. 그 분야에 대한 전문적인 지식과 정보가 풍부해야 주어진 문제를 논리적으로 풀 수 있다. 또한 독창성이 있어야 한다. 보고서는 특정 주제에 관련된 내용을 정리하고 이해하는 차원의 글쓰기이지만 학술논문은 문제의식에 입각해서 주어진 문제를 풀어야 하는 글쓰기 형태다. 그러기 위해서는 주제에 관련된 기존의 연구를 바탕으로 해서 새로운 것들을 창안해내야 한다. 예를 들면, 독창성이 있어야 새로운 연구 방법을 고안할 수도 있고, 새로운 자료 발굴도 시도할 수 있다. 마지막으로 전문가로서 검증 능력과 윤리성이 있어야 한다. 특정 주제를 잡고 논증하는 글을 써야 하기 때문에 여기에 쓰이는 근거 자료들이 많다. 이때 그 자료들의 신빙성과 전문성을 검증할 수 있어야 한다. 그러면서 그 자료들을 사용할 때에는 정직해야 한다. 이때 표절을 미연에 방지할 수 있는 윤리성이 요구된다.

2) 학술논문의 구성 절차

학술논문은 각 전문분야에서 요구하는 것에 따라 그 양식과 체제가 조금씩 다르다. 이 자리에서는 학술논문의 보편적이고 일반적인 구성을 간략하게 소개하기로 한다. 학술논문의 형식적인 절차는 '표지작성-본문의 제목-저자 명기-국문초록 작성-서론 쓰기-본론 쓰기-결론 쓰기-참고문헌 작성-영문초록 작성'이 된다. 학생들의 수준에서 쓸 수 있는 학술논문이라면 더 간략하게 할 수도 있다. 가령, '표지 작성-본론의 제목-저자 명기-서론 쓰기-본론 쓰기-결론 쓰기-참고문헌'의 순으로 작성할 수 있다.

(2) 학술논문의 주제 정하기

주제 잡는 방법에 대해서는 제3장 글쓰기의 과정(화제 및 개요작성)에 자세히 설명되어 있고, 또 제4장의 보고서 작성에서 소개하고 있으므로 여기에서는 생략하기로 한다. 다만 주의 사항 몇 가지를 언급한다.

① 주제를 잡을 때에는 그 분야에서 쟁점이 되는 것을 대상으로 해야 한다.

② 쟁점 가운데서도 자기가 가장 잘 알고 있고 가장 관심이 있는 대상을 선정해야 한다.

③ 연구할 가치가 있고 또 지속적으로 큰 영향을 미칠 내용을 주제로 잡아야 한다.

④ 그 분야의 학문에 기여할 수 있는 것으로 주제를 잡아야 한다.

(3) 학술논문의 제목 정하기

학술논문은 특정 주제에 대한 견해와 주장을 명료하게 나타내는 글이므로 논문의 제목도 매우 구체적이고 명징해야 한다. 가령 김소월 시인에 대한 보고서를 쓴다고 가정했을 경우, 보고서의 제목으로 '김소월 시에 나타난 특징'으로 정할 수 있다. 그러나 이것을 학술논문으로 쓸 때에는 적합한 제목이 되지 않는다. 학술논문으로 제목을 쓸 때에는 적어도 '김소월의 시에 나타난 여성적 특징'으로 해야 적합하다. 전자는 추상적이고 후자는 구체적이다. 그리고 무엇을 주장하고 싶은지가 제목에 드러나 있다. 그러므로 학술논문의 제목으로 쓸 때에는 다음과 같은 사항을 유의해야 한다. ① 제목을 의문문으로 작성해서는 안 된다. 이미 두 가지 의미가 전제되어 있기 때문이다. ② 단조로운 어휘 몇 개로 구성해서는 안 된다. '조선시대 미술'처럼 말이다. ③ 부정적 의미의 제목을 써서는 안 된다. '김소월 시가 민요조를 벗어나지 못한 이유'처럼 말이다. 이것은 주된 논점이 아니라 극히 일부에 해당되는 내용이기 때문이다.

(4) 학술논문의 개요 짜기

일반적인 보고서의 글쓰기 개요와 달리 학술논문 글쓰기의 개요는 꼼꼼하고 논리적이어야 한다. 근거를 통한 논리적인 글이기 때문이다. 그러므로 학술적 개요는 주제에 대한 논증적인 내용이 명료하게 드러나야 하며, 그 논증 과정을 체계적 통일적으로 볼 수 있어야 한다. 이러한 개요를 짜기 위해서는 논문 주제에 맞게 장절항목이 유기적으로 연결되어야 한다.

다음은 학술논문 개요 짜기에 대한 모범 사례이다. 학술논문 글쓰기의 대상으로 삼은 소재는 '유관순 열사'이다. 학술논문에 대한 개요 짜기를 할 때에는 보고서 작성을 할 때처럼 '제목-주제문-개요 짜기'의 과정을 거치는 것이 좋다. 이렇게 하면 학술논문의 전체적인 글이 논리성, 통일성, 연결성, 긴밀성을 획득하면서 짜임새 있는 논증의 글이 된다.

⊙⊙ 개요 짜기의 모범 사례

* 제목: 유관순의 애국 정신
* 주제문: 유관순은 기독교 사상을 실천한 애국 순교자이다.
* 개요 짜기
Ⅰ. 서론(기독교인으로서의 삶과 애국정신과의 관계 서술)
Ⅱ. 기독교 환경과 교육적 영향
　1. 기독교적 가정 환경이 삶에 미친 영향
　2. 기독교적 교육 환경이 삶에 미친 영향
Ⅲ. 기독교 사상을 실천한 의로운 순교자
　1. 기독교인의 애국정신과 순교 사례
　2. 순교자로서 기독 정신을 실천한 참된 신앙인
Ⅳ. 맺음말(중요 내용 요약 강조)

(5) 학술논문 구성 방법

1) 서론을 구성하는 방법

학술논문 글쓰기에서 서론은 매우 중요하다. 서론에서는 글을 쓸 수밖에 없는 여러 가시 이유를 산결하게 설명한다. 이를 위하여 서론에서는 다음과 같은 내용이 필히 들어가도록 해야 한다.

* 글쓰기의 대상(화제)에 대한 배경을 소개해야 한다.

* 그 배경을 토대로 해서 연구의 주제 및 목적을 소개해야 한다.

* 연구 주제 및 목적을 해결할 수 있는 연구 방법을 제시해야 한다.

* 대상 주제에 대한 기존 연구 성과를 비판적 차원에서 분석하고 소개해야 한다.

* 예상되는 결론을 제시하고, 화제에 대한 논의 범주도 한정한다.

정리하자면 서론에서는 '글의 배경 서술→ 주제 및 목적 제시→ 연구 방법 제시→ 결론 예상→ 논의 범주 제시'의 순으로 작성하면 된다. 강조하자면 핵심 주제가 잘 드러나도록 작성해야 한다는 것이다.

⋯ 서론 쓰기의 모범 사례

전제: 원자력 발전에 대한 긍정성을 주장하려는 학술적 글쓰기를 진행하려고 한다. 이에 대한 서론을 다음과 같이 구성할 수 있다.

원자력 발전의 큰 장점은 저렴한 연료로 고효율 전기에너지를 생산할 수 있다는 것이다. 그래서 정부에서도 적극적으로 원자력 발전소 건립을 계획·추진하고 있다. 하지만 원자력에 대한 안정성 문제, 부지 선정 등의 문제가 대두되면서 이에 대한 찬반 논란이 끊이지 않고 있다. 일부에서는 경제성을 들어 찬성하고 있고 일부에서는 위험성을 들어 반대하고 있는 상황이다. 필자가 조사한 바에 의하면, 원자력발전소 그 자체에는 거의 위험성이 없다. 지금까지 발생한 사고는 사용상의 부주의로 생겨난 것일 뿐, 원자력발전의 직접적인 부작용에 의해 일어난 사고는 없었다. 따라서 원자력 발전소 증설과 계획은 적극적으로 추진되어야 한다고 본다. 이 글에서는 원자력 발전의 이점을 소개하면서 원자력 발전소 증설 방안에 대해 구체적으로 논의할 것이다. (○○○학과 학생의 글에서)

☑ 〈서론 쓰기 모범 사례〉에서 잘된 점과 부족한 점을 간단하게 이야기해보자.

2) 본론을 구성하는 방법

학술적 글쓰기에서 본론은 서론에서 제기한 문제를 논증하여 본인의 주장과 견해를 명료하게 드러내는 내용으로 구성해야 한다. 그런 만큼 본론의 논증 과정은 글의 생명과도 같다. 본론은 다음과 같이 구성해야 한다.

* 소주제별로 핵심 문제를 논의 논증하고 소결론을 맺어준다.
* 자기주장을 뒷받침할 수 있는 합리적인 근거를 제시하며 논증적으로 글을 써야 한다.
* 미리 반론을 예상하여 그 대안을 제시해야 한다.
* 대상(화제)에 대한 논의가 이해의 차원이면 설명의 방법으로, 설득의 차원이면 논증의 방법으로 단락을 구성해야 한다.
* 기존 연구와 자신의 새로운 주장이 구별되도록 글을 써야 한다.
* 수집한 자료를 활용하여 자신의 연구 역량을 최대한 발휘하도록 한다.

* 장황하게 설명하거나 논증하지 말고 간결하고 명료하게 설명하고 설득해야 한다.
* 문제해결 과정을 명료히 하여 그 결론을 분명하게 이끌어내도록 해야 한다.

⊙⊙ 본론 쓰기의 모범 사례

원자력 발전에 대한 긍정성을 논증하는 본론 쓰기(구성)의 한 사례이다. 그 중에서 한 단락만 소개한다.

원자력에 대한 많은 연구를 보면, 원자력은 그 기술상에 전혀 문제가 없는 것으로 드러나고 있다. 그만큼 안전하다는 뜻이다. 그렇다면 지금까지 일어난 원자력 사고는 어떻게 해서 일어나게 되었을까. 단언하면, 그것은 거의 전적으로 안전수칙을 지키지 못한 사용상의 부주의 혹은 불량한 제품을 사용(납품비리)하다가 생긴 경우가 대부분이다. 그런데도 일부 사람들은 1986년 발생한 구소련의 체르노빌 원전 사고와 2011년 후쿠시마 원전사고를 들어 원자력 발전소 증설을 적극 반대하고 있다. 물론 이들의 견해에도 일리는 있다. 한번 원자력 사고가 나면, 엄청난 인명 피해뿐만 아니라 환경오염도 심각하기 때문이다. 하지만 냉정하게 따져보면, 이것은 기술상의 결함에서 생긴 사고가 아니고 거의 전적으로 사용상의 부주의로 생긴 사고라는 점이다. 예컨대 체르노빌 사고는 원자력발전소에 원자로 건물 곧 격납건물을 따로 설치하지 않아서 큰 사고로 이어진 경우이고, 후쿠시마 원전 사고는 전기 공급이 차단되어 큰 사고로 이어진 경우이다. 이처럼 원전사고는 기술상의 결함에서 일어나기보다는 관리의 문제, 운영상의 문제로 일어나는 경우가 대부분이다.(○○○학과 학생의 글에서)

✅ 〈본론 쓰기 모범 사례〉의 논증 과정에서 그 근거로 들고 있는 것은 몇 가지인가? 그 근거의 타당성은 어떠한가? 친구끼리 짝지어 서로 이야기해보자.

3) 결론을 구성하는 법

결론 쓰기는 서론과 본론에 비해 비교적 쉬운 편이다. 기본적으로 결론은 이미 논의 논증된 내용을 요약하고 강조하면 된다. 결론을 작성할 때에는 다음과 같은 방법으로 하면 좋다.

* 본론의 내용을 일반적인 형태로 요약하여 제시하면 좋다.
* 요약할 때에는 소주제별로 짜임새 있게 요약하면 좋다.
* 기존 연구 결과와 자기가 구한 새로운 결과가 분명히 나타나도록 해야 한다.
* 핵심 내용을 강조하되, 자신의 새로운 주장, 독창적인 내용이 잘 드러나도록 해야 한다.
* 자신의 새로운 연구 결과가 앞으로 그 분야에 미칠 긍정적 영향을 예고해두면 더욱 좋다.

5 도표를 활용한 학술적 글쓰기

1 도표의 정의 및 기능

학술적 글쓰기에 해당하는 보고서 작성과 학술논문은 대개 인용 자료를 통하여 글쓴이의 생각과 주장을 전개해간다. 그런데 자료는 경우에 따라 복잡한 것도 있고, 긴 내용도 있으며, 많은 설명을 요구하는 것도 있다. 그러다 보니 이 인용 자료들을 정교한 문장으로 정확하게 표현하거나 논리 정연하게 일일이 설명하기 어렵거나 번거로울 때가 있다. 뿐만 아니라 어떤 대상과 현황을 설명하기 위해 많은 문장을 동원하여 필요 이상으로 길게 설명할 때도 있다. 이럴 경우, 글을 써나가면 힘도 들고 또 내용도 산만해질 수 있다. 그러면 이것을 어떻게 쉽게 할 수 있을까. 그 방법 중에서 가장 쉬운 것은 바로 도표를 사용하는 방법이다. 문장을 대신할 수 있는 여러 가지 도표를 사용하면 쉽고 편하게 글을 전개할 수 있다.

도표란 문자로 기록된 추상적인 어떤 수치나 통계 자료를 다양한 도형으로 표현하여 시각적으로 구현해낸 것을 말한다. 또는 어떤 특정한 현황에 대한 긴 설명을 간단한 도형의 형태로 구현하여 쉽게 정리한 것을 의미하기도 한다. 도표는 시각적으로 구현되기 때문에 그 내용들을 바로 즉각적으로 인식할 수 있다. 감각으로 지각되기 때문에 그 효과는 문장보다 훨씬 크다. 또한 다양한 형태로 쉽게 작성할 수 있기 때문에 누구나 편리하게 사용할 수 있다. 이처럼 도표는 추상적이고 복잡한 내용을 구체적이고 간결한 내용으로 전환시켜준다. 그런 만큼 추상적이고 복잡한 내용으로 전개되는 학술적 글쓰기에 도표 사용은 큰 도움이 된다.

2 도표의 종류

① 그래프(선·막대·원·방사형)

② 표(차트)

③ 그림과 사진(일정한 구조 속에서 객관적인 시선으로 보면 누구나 그 의미를 바로 쉽게 이해할 수 있는 것)

3 도표의 특성

1) 간결해서 알아보기 쉽다

도표는 복잡한 내용을 최대한 단순화하고 간결하게 해서 표현한 것이라 누구나 쉽게 그 내용을 알아보기가 쉽다.

2) 도표는 취사선택의 정보이다

일반적으로 도표를 작성할 때에는 많은 정보에서 취사선택하여 그 내용을 표현한다. 그래서 작성 의도에 따라 어떤 정보는 선택되고 어떤 정보는 배제되기도 한다. 따라서 배제된 정보가 어떤 것인지를 꼼꼼하게 살피는 것도 중요하다.

3) 도표는 본문 내용의 일부이다

도표가 본문 내용의 중심 주제(화제)가 되어서는 안 된다. 도표와 본문 내용의 문장들은 상호 보완 관계를 가져야 한다. 도표는 본문 내용의 논의를 풍부하게 해주고 이해를 쉽게 해주는 역할을 해야 한다. 일종의 보완 역할이다.

4) 도표는 작성자의 의도가 반영된 것이다

도표는 작성자의 의도에 따라 취사선택된 내용이다. 그러니 작성자의 의도를 잘 파악해서 본문의 내용에 객관적으로 잘 활용해야 한다.

4 도표 분석 글쓰기의 작성 요령 및 유의 사항

1) 도표의 대상들을 모두 글 쓸 대상으로 삼을 필요는 없다.

2) 도표에서 가장 중요하고 핵심적인 대상만을 선택하는 것이 필요하다.

3) 도표의 모든 내용을 설명하기보다는 필요한 내용만을 선택해 설명해야 한다.

4) 도표를 중심으로 설명할 때에 도표의 내용에 없는 것을 언급하면 안 된다.

5) 도표를 참조하여 추측이나 짐작으로 본문 내용을 전개하면 안 된다.

6) 도표가 여러 개일 경우에는 〈도표1〉, 〈도표2〉처럼 연번호를 붙여줘야 한다.

7) 도표마다 적절한 제목을 달아주어야 한다.

5 도표 분석 글쓰기 실습

(1) 도표 분석 예문

〈서울시민의 여가활동 실태 분석〉

본 조사에서는 서울시민의 여가활동에 대해 분석해 보았다. 이번 조사를 통해 매일을 바쁘게 지내는 서울 사람들이 여가활동에 투자하는 시간과 여가활동의 종류, 그리고 만족도에 대해 알아보고자 한다. 이를 통해 여가활동의 실태를 파악해 봄으로써 발견되는 문제점과 그 원인에 대해 생각해 보는 것이 이번 조사의 주요 목표이다. 이번 글에 사용한 도표들은 '서울통계'라는 웹사이트 중에서 한 눈에 보는 서울 탭의 통계분석 중 2015년 96호, 98호 자료를 이용하였다. …(도표1을 포함하여 중간 생략함)…

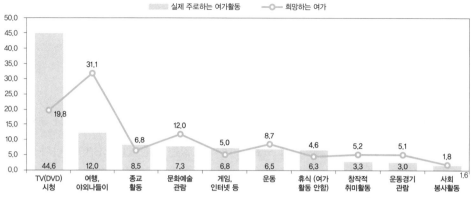

출처 : 서울시 '2014 서울서베이'

〈도표 1〉은 만 15세 이상의 서울시민들이 휴일이나 주말에 실제로 하는 여가활동과 희망하는 여가활동의 비율을 보여준다. 실제로는 TV나 DVD시청을 가장 많이 하고, 여행과 야외 나들이, 종교 활동이 그 뒤를 이었다. 하지만 실제로 희망하는 여가활동 1순위는 여행이었고, 그 다음으로 TV나 DVD시청, 문화예술 관람이 뒤를 이었다. 실제 주 여가활동으로 TV시청을 한다는 응답자 중 약 66%가 다른 여가활동을 희망하고 있음을 덧붙여진 설명에서 알 수 있다.

도표 2 – 여가활동 만족률 28.0% 〉 불만족 24.6%

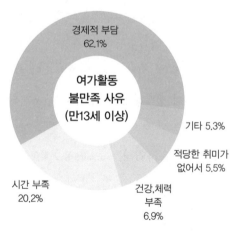

출처 : 서울시 '2014 서울서베이', 통계청 '2013 사회조사 '

다음으로 〈도표 2〉에서는 여가활동에 대한 만족도와 불만족 사유에 대해서 살펴볼 수 있다. 만족하는 비율과 불만족하는 비율에 큰 차이가 없음을 알 수 있다. 또한 여가활동 불만족 원인은 경제적 부담과 시간 부족이 큰 비율을 차지한다.

…(중간 생략함)… 결론적으로 위에서 정리한 내용에 따라, 비용에 대한 부담도 덜 수 있고 가까운 곳에서 여가를 즐길 수 있는 시설이 확대되면 좋을 것이라고 생각하였다. 주민들의 편의를 위해 마련된 시설에서 체험할 수 있는 다양한 프로그램을 운영한다면 여가활동에 대한 만족도를 높이는 데 기여할 수 있을 것이다.

▲ 연습문제 ▲

☑ 〈서울시민의 여가활동 실태 분석〉에 나타난 도표 글쓰기의 잘된 점은 어떤 부분인가? 반대로 부족한 점은 어떤 부분인가? 이에 대하여 각 조별로 발표해 보자.

(2) 도표를 활용한 글쓰기 실습

다음 〈도표 1〉은 '해외여행'에 관련된 내용을 담고 있다. 〈도표 1〉을 객관적으로 분석하고 해석하여 주제가 있는 한편의 학술적 글쓰기를 해보자. 도표를 활용할 수 있는 능력을 도모하고자 하는 실습 차원이니까 간략하게 한 단락만을 작성하기로 한다. 주제는 각자 자유롭게 정하고 400자 내외로 작성하면 된다. 그리고 〈도표 활용의 예시〉를 미리 소개해 두었으니 이를 참고로 해서 개성적인 주제를 잡고 한 단락의 논리적인 글을 써보자.

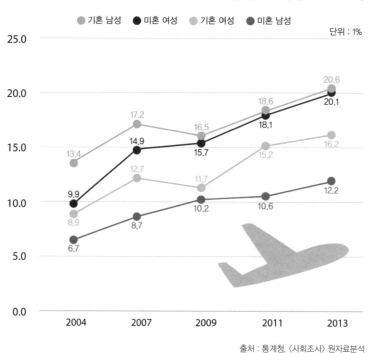

도표 1 - 성별 · 혼인상태별 지난 1년 간 해외여행 경험 유무 (2004~2013)

출처 : 통계청, 〈사회조사〉 원자료분석

① 〈도표 활용의 예시〉

만약에 경영학과의 수행과제로 '해외여행을 대상자로 하는 마케팅 전략 세우기'라는 과제를 부여받았을 경우, 〈도표 1 해외여행〉을 다음과 같이 활용하여 근거를 제시할 수 있음.

주장의 근거: 도표에서 보면 해외여행을 가장 많이 하는 계층은 미혼 여성임. 그리

고 해외여행 증가율도 다른 계층에 비해 가장 높게 나타남. 따라서 해외여행을 대상자로 한 상품판매 전략을 미혼 여성으로 한정해야 함. 이렇게 〈도표 1〉을 활용하면 쉽고도 효과적으로 자기주장을 할 수 있음.

② 〈도표 1〉을 활용한 글쓰기 실습

• 가상적인 주제 정해보기:

• 근거로 쓸 내용 뽑아보기:

• 한 단락의 내용 구성해보기:(근거를 활용하여 직접 글을 전개하면 됨)

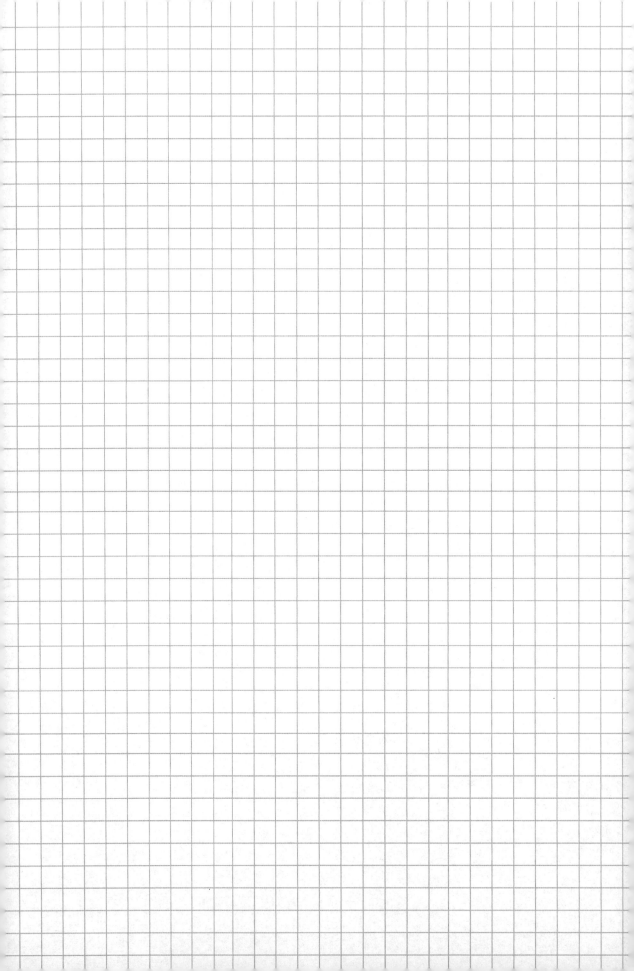

다양한
글쓰기

1 자신에 대해 알아보기

1 자신에 대해 알아보기

이 장에서는 다양한 실용적 글쓰기를 위해 '나'는 어떤 사람인가를 우선적으로 살피는 작업을 해보고자 한다. 자신을 어느 정도 파악해야만 진정성 있는 이력서나 자기소개서가 완성될 수 있을 것이다.

※ 자신의 내면을 깊이 관찰하고 대화하기, 자기 통찰을 통해 타고난 재능, 꿈, 핵심가치를 찾아 구체적으로 정리해보기.

① 나는 무엇에 살아 있음을 느끼는가?

② 나는 무엇을 잘 할 수 있는가? (재능)-타고난 강점

③ 나는 어떤 사람으로 기억되길 바라는가? (핵심가치)

※ 자신을 한 줄로 표현합니다. 그리고 그 이유는 무엇인가요.

예시   천국의 입구에서 신이 당신에게 물었습니다. "너는 누구냐?" 이 질문에 답하십시오. (이 질문이 너무 무거우면 자신을 색깔로 비유해서 표현해 보기)

위의 내용을 이어서 본격적으로 자신의 개성과 특징을 점검해 보는 시간을 가져본다.

2 구체적으로 '나'를 파헤쳐 보기

1) 다음 문항에서 자신의 성격이라고 생각하는 단어에 ○를 해보자.

활동적인		내성적인		독창적인		개성이 강한	
민첩한		느긋한		책임감이 강한		눈치가 빠른	
부지런한		게으른		자발적/적극적인		수동적인	
꼼꼼한		덜렁대는		사교적인		사교성이 부족한	
결단력 있는		우유부단한		겸손한		상냥한	
독립심이 강한		의지하는		솔직한		신중한	
낙천적인		부정적인		침착한		주의 깊은	
유머감각이 있는		진지한		정확한		의욕적인	
감수성이 강한		논리적인		대담한		의지력이 강한	
예술적인		합리적인		인내심이 강한		끈기가 없는	
애교가 많은		순진한		호기심이 많은		꾸밈없는	
재치 있는		자신감 있는		예의바른		믿음직한	
성실한		분별력 있는		융통성 있는		융통성 없는	
고집이 쎈		절제력 있는		양심적인		동정심 강한	
편견 없는		사려 깊은		공정한		관대한	
거만한		소심한		경쟁심 강한		까다로운	
따지기 좋아하는		변덕스러운		보수적인		비판적인	
성미가 급한		소극적인		예민한		명랑한/쾌활한	

2) 내가 가장 좋아하는 것(생물, 무생물 포함)을 써보고 그 이유를 간략하게 기술해보자.

3) 내가 가장 싫어하는 것(생물, 무생물 포함)을 써보고 그 이유를 간략하게 기술해보자.

4) 내가 가장 잘 하는 것은 무엇인지 5가지를 쓰고 그 이유를 간략하게 서술해보자.

5) 나에게 가장 소중했던 경험 2가지와 그것이 내 인생에 어떤 영향을 끼쳤는지 써보자. (200자 내외)

6) 나에게 가장 힘들었던 경험 2가지와 그것이 내 인생에 어떤 영향을 끼쳤는지 써 보자. (200자 내외)

7) 내가 가진 잠재력은 무엇이라 생각하는가? 하나를 정한 후 그에 관해 자신의 미래와 연관하여 기술해보자. (100자 내외)

8) 나는 '나'를 사랑하는지? 사랑한다면 그 이유는 무엇이고 자신을 사랑하기 위해 했던 노력이 있다면 어떤 것이었는지 기술해보자.

9) 나를 사물로 표현한다면 무엇으로 나타낼 수 있을까? 하나를 정해서 그 사물의 사진을 찍어보자. 그리고 왜 나를 그 사물로 표현했는지를 200자 내외로 써보자. 사물에 빗대어 자신을 표현하니까 어떤 느낌이 드는지도 같이 넣어보자.

2 이력서와 자기소개서

1 이력서

 이력서와 자기소개서를 작성하기 위해서는 자신에 대한 개성과 장단점을 파악해야 한다. 이 두 가지 양식을 쓸 때에는 당연히 구직을 위한 목적이 있기 때문일 것이다. 따라서 지원하고자 하는 곳이 어떤 곳인지를 인터넷이나 기타 정보망을 통해 알아두는 것이 좋다. 그리하여 회사의 인사담당자가 원하는 방향을 미리 예측해보는 것도 좋다. 이때 창의적이면서 인상적인 자기소개서를 작성하지 못하면 인사담당자의 관심을 끌지 못할 것이다. 이력서의 경우, 빈 칸에 들어갈 데이터가 어느 정도 정해진 반면, 자기소개서는 항목만 있지 그 안에 들어갈 데이터는 자신이 무엇을 어필하고 싶냐에 따라 무궁무진해진다. 그렇기에 다른 지원자와 차별화된 자신만의 특별한 전략이 필요하다. 요즈음은 스펙, 창의성, 융복합적 사유 능력을 요구하는 제4차 산업시대다. 자신의 강점을 잘 보여줄 수 있는 능력이 무엇인지를 중점적으로 고려하여 자기소개서를 작성하면 되겠다.

 이력서는 대체적으로 회사에서 요구하는 정형화된 틀이 있기는 하나, 최근에는 독창적이고 자유로운 양식의 이력서를 요구하는 곳이 늘어나고 있다. 어떠한 양식을 선택하든지 간에 자신의 강점이 어필될 수 있는 지점을 잘 포착해서 개성적인 이력서를 작성해야 한다. 졸업을 앞둔 학생이라면 이력서와 자기소개서 작성이 현실적으로 와닿을지 몰라도, 저학년이라면 이 부분을 작성하기가 어려울 수도 있겠다. 그러나 미래에 자신이 이룩할 수 있는 부분을 가상해서 작성해보는 것도 도움이 된다. 지금보다 한 단계

더 발전해있을 미래의 자기 모습을 상상해보는 것도 의미가 있으며, 자기 목표치를 설정할 수가 있다는 측면에서도 발전적이라 하겠다. 이력서와 자기소개서에 붙는 사진도 중요하다. 가급적이면 웃는 포즈를 취하고, 너무 자유분방한 의상보다는 다소 잘 정리된 자세를 취하는 것이 좋겠다.

이력서 양식

사진	한글이름		생년월일	
	영문이름			
	휴대폰			
	이메일			
	주소			

학력

기간	학교	학점	졸업여부

경력

기간	회사명	직급	고용형태

자격증, 어학능력

날짜	자격증	점수/급수	발급기관

대외활동

기간	활동내용	기관	비고

위 기재사항은 사실과 다름이 없습니다.

2022년 0월 0일

작성자 : 김펭수 (인)

요즘 취업에 성공했다는 대학생들을 보기가 드물다. 그만큼 취업이 어렵다는 얘기가 되겠다. 그도 그럴 것이 취업준비생들의 학력과 스펙은 날로 높아만 가고, 대학을 졸업했음에도 불구하고 다시 취업을 위해서 재수 삼수의 취업준비학원 생활을 해야 하기 때문이다. 이때 자신과 남을 차별화할 수 있는 전략을 세워야만이 취업에 성공할 수가 있겠다. 그러려면 시대의 흐름과 경향을 좇고 자신의 창의성이 접목된 지점을 잘 포착해야 할 것이다. 또한 젊음의 패기와 도전정신도 어필하면 좋을 것이고, 융합적인 사유와 폭넓은 시각을 갖기 위해서 팀워크 능력을 키우는 것도 좋겠다. 실제로 취업현장에서는 나보다 훨씬 뛰어난 인재들이 많다는 것도 염두에 두어야 한다. 이력서와 자기소개서로 1차 서류 심사를 통과했다고 하더라도 2~3차 연속으로 지속적인 경쟁구도에서 살아남아야 진정으로 취업에 성공할 수가 있다. 특히 자기소개서는 인사담당자에게 보이는 글이기 때문에, 진실하고 정성을 다해서 써야 할 것이다.

위의 내용을 바탕으로 자기소개서를 작성해보자. 이때 아래의 네 가지를 염두에 두고 써야 한다.

■ 첫째, 자신이 지원하고자 하는 기업, 회사나 직무에 관해 많은 정보를 가지고 있어야 한다. 지원하는 회사의 전반적인 현황 및 추구하는 이념, 가치관, 직무 상황 등에 대해 홈페이지나 뉴스 등을 통해 알아두는 것이 중요하다. 여기에 자신이 희망하는 직무 관련 내용에 관한 전반적인 이해는 필수라 하겠다.

■ 둘째, 지원하고자 하는 직무를 수행할 수 있는 나만의 조건과 다양한 학내외 활동을 확인하고 정리해 두는 것이 필요하다.

■ 셋째, 나의 조건과 활동이 지원 직무와 어떠한 관련성이 있는지를 찾아서 지원동기를 생각해봐야 한다. 나름의 스토리를 만들어 나만의 특징 있는 지원동기를 찾아보자.

■ 마지막으로 입사 후 구체적으로 어떤 업무를 희망하는지, 그 업무를 통해 개인적으로 이루고 싶은 점은 무엇이고, 그것이 회사나 기업에는 어떠한 도움을 줄 수 있을 것인지까지 계획해본다.

이 네 가지를 염두에 두고 자기소개서를 구체적으로 써보자.

대부분의 자기소개서 내용으로는 성장과정, 학교생활, 특기 및 경력사항, 지원동기와 포부, 최종 목적 등이 들어간다. 따라서 이 내용을 미리 정리해둔다. 각 회사에서 요구하는 자기소개서의 내용이 다양하기 때문에 그 흐름을 파악하는 것도 상당히 중요하다. 최근에는 구체적이고 뚜렷한 일화나 업무수행능력을 우선시하는 입장이다. 다음은 몇 개 회사의 합격자가 쓴 자기소개서 예시이다.(인크루트 싸이트 (www.incruit.com) 예시 글) 기업에서 요구하는 내용에 따라 어떤 식으로 글쓰기가 이루어졌는지를 눈여겨보고 자신만의 돋보이는 자기소개서를 작성해보자.

[OO제철] 합격자 자기소개서

	직무 : 모집분야 공통

1. 본인 성격의 장단점을 자신의 성장과정과 경험을 기반으로 서술하여 주십시오. (최소 100자, 최대 600자 입력가능)

　　요즘 시대에 흔치 않은 4남매로 자라왔고, 고등학생 때부터 기숙사 생활을 하면서 조직 생활에 어울리는 친화력과 희생정신을 키워왔습니다. 앞으로 회사 생활을 할 때 저만의 이익을 추구하기보다 회사를 위해 판단하고 행동할 수 있다는 점은 저의 장점입니다. 저는 다양한 조직의 구성원으로 생활해왔으며 대를 위하여 소를 희생한다는 개념을 이해하고 있고, 개인의 편의나 욕심보다 조직의 이익을 위한 결정을 내리고 수행하는 일에 익숙합니다.

　　이러한 저의 성향을 보여줄 수 있는 사례 중 가장 기억에 남는 것은 대학 재학 중 생산직 아르바이트로 근무하면서 팀을 성공적으로 이끌었던 것입니다. 저희 팀은 20대 초중반으로 이루어져 있었고, 아르바이트 특성상 금방 그만두는 사람이 많았습니다. 교대 근무 중 갑자기 결원이 생기면 일정 조정이 불가피했는데, 이때 근무하겠다는 사람이 없을 때마다 제가 나서서 근무를 자청했습니다. 그러한 일이 몇 번 있고 나서는 저를 통해서 근무 일정을 조정하는 것이 자리 잡았습니다. 저는 오전/오후 근무자를 아우르며 교대 근무 일정을 효율적으로 조정하였고 갑작스러운 결원이 생겼을 때에도 빠르게 대처하였습니다.

2. 본인이 회사를 선택함에 있어 중요시 여기는 가치와 OO제철이 왜 그 가치와 부합하는지 본인의 의견을 서술하여 주십시오. (최소 100자, 최대 600자 입력가능)

　　기업의 과거 발자취와 현재의 위상도 중요하지만, 저는 미래를 대하는 자세를 가장 중요하게 생각합니다. OO제철은 더욱 가볍고 안전한 자동차를 만들기 위한 TWB, Hydroforming, Hotstamping 등 공법을 적용한 자동차 부품 소재 개발에 힘쓰고 있습니다. 또한, 연비 절감을 위한 노력과 배기가스를 줄여 궁극적으로 지구 온난화를 해결하고자 하는 의지를 보이고 있습니다. (중략) 현재의 위상에 만족하지 않고 미래 인류의 안전과 행복, 지구 환경을 보전하는 일에 힘쓰는 기업에서 일하게 된다면 비록 생산 단계 일부를 맡고 있을 뿐일지라도 내가 하는 일이 세계에 보탬이 된다는 자긍심을 가지고 높은 직무 만족도를 느낄 수 있을 것으로 생각했기 때문입니다.

〔국민연금공단〕 합격자 자기소개서

1. 공단의 인재상(창의인, 전문인, 소통인) 중 한 가지를 골라 이와 연관된 경험, 활동, 노력 등을 포함하여 지원자가 공단의 인재상에 부합된다는 근거를 구체적으로 기술하여 주시기 바랍니다.
〈창의人: 새로운 생각으로 혁신하는, 전문人: 계속 성장하고 성과를 창출하는, 소통人: 배려하고 공감하는〉(1,200자)

〈계속해서 더 나아지려고 노력하는 전문인〉

저는 끊임없이 발전을 위해 노력하는 전문인이라고 생각합니다. 저는 항상 제가 속한 집단이나 조직에서 최고가 되고 싶어하는 성향을 가지고 있습니다. 이러한 성향 덕에 저는 다양한 분야에서 노력하고 성과를 거두어 왔고, 지금도 계속해서 성과를 내기 위해 노력하고 있습니다. 그 한 예로, 저는 대학교 입학 이후 제가 관심이 있는 두 가지 활동에서 성과를 거두었습니다.

한 가지는 러닝입니다. 흔히 러닝은 다이어트나 체력증진 목적의 단순한 운동으로 인식됩니다. (중략) 이에 저는 체계적으로 기록 향상에 대한 계획을 세우고, 기록을 지속해서 체크하며 조금 더 좋은 성과를 내기 위해 계속 연습을 했습니다. 러닝크루에 가입하여 함께 목표를 위해 노력할 사람들을 만나기도 했습니다. 그 결과 기록이 점점 향상되었고, 마침내 모 브랜드에서 개최한 도시마라톤 대회에서 우승하게 되었습니다. 운동선수 출신이 아닌 사람으로서는 이례적인 일이었습니다.

또 한 가지 활동은 사업 계획입니다. 저는 대학교 때 교내 컨설팅 학회에서 활동했습니다. 컨설팅에 대해 학습하는 이 학회에는 마케팅, 영업, 인수합병, 사업기획 등 다양한 분야가 있었는데 저는 평소 관심이 있던 사업기획 부문에서 활동했습니다. (중략) 수업이 있거나 약속이 있는 시간이 아니면 항상 도서관에 가서 경영 관련 기본서를 읽었고, 경영학과 친구들을 찾아다니며 궁금한 것을 묻기도 했습니다. 그 결과 빠르게 다른 친구들보다 높은 수준의 지식을 쌓을 수 있었고, 사업기획 분야의 부문장으로서 발제를 이끌어가기도 했습니다. 이러한 노력의 결과 모 플랫폼의 사업기획 공모전에서 최우수상을 수상하였습니다.

저는 항상 더 나은 성과를 내고 남들보다 더 뛰어난 수준이 되기 위해 노력하는 사람입니다. 국민연금공단 입사 이후에도 최고의 직원, 최고의 전문인이 되기 위해 노력할 것입니다.

2. 공익에 기여하거나 사회적 가치 창출을 위해 본인이 활동했던 경험 또는 노력에 대하여 작성해주시고, 그 과정에서 어려웠던 점, 해결방안 및 성과를 구체적으로 기술해 주시기 바랍니다. (1,200자)

〈공익 목적 공모전 수상〉

저는 지자체에서 시행한 공익 목적 공모전에 나가 수상하고 제 아이디어를 실제 공익 제고에 활용한 바 있습니다. 제가 대학교 때 저의 고향 도시에서는 공익사업 공모전을 개최하였습니다. (중략) 아이디어를 얻기 위해 저는 시의 다양한 사람들을 만나 인터뷰를 진행했습니다. 시의 행정이나 제도, 시설에서 개선해야 할 것은 무엇인지를 다양한 사람들에게 물었습니다. 처음에는 낯선 사람들에게 말을 붙이는 것이 매우 어려웠지만, 목표만을 생각하며 마음을 단단히 먹고 인터뷰를 진행했습니다.

인터뷰 결과를 토대로 다양한 아이디어를 구상하던 중, 아이들의 학교 수업을 도와주기가 어렵다는 한 귀화 외국인 학부모의 고충이 눈에 띄었습니다. 그 학부모의 자녀는 한국에서 초등학교에 다니고 있었는데, 학교에서 내주는 숙제 중 부모가 직접 써 주어야 하는 것들이 있을 때 매우 곤란하다는 것이었습니다. (중략) 일부 구에서 다문화 가정 자녀들을 위한 다문화 도서관 사업을 운영하고 있었는데, 이 도서관의 사서들은 다문화에도 친숙하면서 학업적 역량도 높은 사람들이므로 이 사업과의 연계를 통해 문제를 해결할 수 있을 것으로 생각했습니다. 이러한 조사를 바탕으로 저는 "다문화 도서관 사업과 연계된 학교생활 지원 헬프콜" 사업을 기획하였습니다. 어려움을 겪는 학부모들이 전화하면 현재 여력이 있는 사서를 찾아 연결해주는 서비스였습니다.

제가 제안한 서비스는 공모전에서 우수상을 받았고, 시에서 현재 시범사업을 진행 중인 것으로 알고 있습니다. 제 역량을 통해 공익에 이바지한 뜻깊은 경험이었습니다.

* 위의 이력서 양식과 자기소개서 예시문 등을 참고하여 개성에 맞게 자기소개서와 이력서를 작성해보자.

3 비평적 글쓰기

비평적 글쓰기란 어떠한 주제나 화제에 관해 글쓴이가 그것의 옳고 그름이나 아름다움이나 추함에 대해 논리적인 근거를 바탕으로 분석하여 그 의미와 가치를 평가하고 서술하는 것이다. 사설과 칼럼 같은 논증적인 글부터 문화현상에 관한 문화비평문이나 에세이, 문학작품을 대상으로 한 서평이나 전문적인 평론에 이르기까지, 이 모든 글쓰기가 이에 해당한다. 우리 교재에서는 대학생들이 많이 접하는 칼럼과 사설 및 서평 등의 비평적 글쓰기를 주의깊게 들여다볼 예정이다.

1 시사적 글쓰기

대학생은 학생이되 성인이기도 하다. 따라서 보다 자유롭고 깊이 있는 자신의 의견을 발휘할 기회가 그전보다 더 많다 하겠다. 더불어 사회나 문화적 현상에 관심을 기울여 보다 나은 사회를 만들기 위한 고민과 성찰을 해야 한다. 글쓰기 수업 이외에도 최근에는 학교나 여러 단체, 신문사 등에서 시사적인 사안에 관해 자신의 의견과 주장을 표출하는 글쓰기나 공모전 등을 많이 시행하고 있다. 이에 평소 관심 있던 일이나 주어진 주제에 맞춰 자신의 주장과 그에 걸맞는 다양한 근거 등을 바탕으로 시사적인 글쓰기를 해보자.

시사적인 글쓰기의 대표적 형태로는 신문이나 잡지 등에 실리는 칼럼이나 사설을 꼽을 수 있다. 사설이 사론(社論)을 대표하고 정치·경제·사회에 속하는 중요 사항을 거

론하는 것과는 대조적으로 칼럼은 시정에서 일어난 일부터 자연이나 계절의 변천에 이르기까지 모든 것을 소재로 삼을 수가 있고, 한 사람의 필자가 주관적인 감상을 서술하는 경우가 많아 독자들에게 보다 친근감을 주는 글의 형식이다. ([네이버 지식백과] (문학비평용어사전, 2006. 1. 30))이러한 글들은 시사적이거나 사회적으로 문제가 되는 상황에 대해 깊이 있는 의견을 제시하기도 해 우리 사회의 여론을 이끌기도 한다. 그럼 신문에 실렸던 칼럼과 사설을 직접 보면서 비평적인 글쓰기란 무엇인가를 보다 주의 깊게 살펴보자.

🗨 칼럼

영화관 옆 상갓집

외울 지경이 된 광고가 있다. "영화보다 더 감동적인 '신'이 있습니다. 코로나 최전선 의료진의 영웅신, 발코니로 떠나는 우리가족 여행신, (…) 이제 모두가 기다려 온 백신으로 해피엔딩 신을 보여줄 차례. 우리가 함께 만든 최고의 신들이 있어 대한민국은 반드시 코로나19를 이겨낼 것입니다."

연초에 들을 때는 신박한 라임에 감탄했다. 하지만 재난 상황이 달라지는데도 똑같은 말이 반복되니 한숨이 절로 나왔다. 11월 단계적 일상회복이 시작된 후로는 섬뜩하기까지 했다. 의료진의 절규도 집단시설의 아비규환도 자영업자의 절망과 분노도 끼어들 틈 없는 매끄러운 신은 백신만 주입하고 사라졌다.

백신은 재난을 통과하며 우리가 입을 수 있는 비닐 우의였다. 찢어질 수 있지만 홀딱 젖지 않기를 기대할 수 있었다. 시민들이 비닐 우의를 챙겨 입는 동안 정부가 해야 할 일은 두 가지였다. 비옷이 찢어지고 남들보다 많이 젖은 사람도 혼자 남겨져 쓰러지지 않게 대책을 세우는 일, 비옷을 입기 어려운 사람들도 함께 비를 피하며 일상을 이어갈 방법을 찾는 일. 해피엔딩으로 갈 준비가 가장 덜된 것은 정부였다. 확진자가 많아지는 만큼 고령층 확진자와 위중증 환자도 늘어날 수밖에 없다. 단계적 일상회복은 의료대응체계를 통해 사망을 줄이자는 도전이었다. 민간병원을 포함해 병상을 확보하고, 파견 위주의 인력 지원에서 정규고용 위주의 인력 확충으로 1인당 중환자 수를 줄여야 했다. 그러나 의료대응체계는 준비가 덜 돼 있었다. 의료진은 환자를 돌보느라 몸이 부서지는데, 병상이 없어 다 돌볼 수 없는 현실에 마음도 무너졌다. 죽은 이들은 화장하고 나서야 가족들 곁에 잠들수 있다. 바이러스가 아니라 정부 때문이다.

자영업자들이 부담을 뒤집어쓰게 됐다. 코로나19 자영업 대책은 그리 간단한 문제가 아니었다. 절반 가량인 대면서비스업종은 높은 임대료 부담, 대기업의 동네골목 진출, 프랜차이즈화 등으로 이미 위기가 일상인 구조에 놓여 있었다. 코로나19로 플랫폼기업까지 또 다른 갑으로 등장했다. 자영업 비중과 고용 규모가 작지 않다 보니 작년부터 늘 긴박한 과제였다. 재난이 안긴 부담을 분배하면서 적정한 지원과 책임을 부여하는 방향으로 대책이 마련되어야 했다.

자영업자들은 물리적(사회적) 거리 두기가 새로운 지속 가능성의 조건을 만드는 과정이기도 했으므로 기꺼이 동참했다. 그러나 자영업자들은 낭떠러지 앞을 벗어나지 못했다. 선제적 지원은 부실했고 뒤늦은 손실보상은 부족했다. 갑들이 부담을 나눠지게 하지도 않았다. 정부는 자영업자를 행정명령의 수신자로만 볼 뿐 방역의 동료로 대접하지 않았다. 경매가 부르듯 50조, 100조를 외치는 정치인들의 한가함은 볼썽사납다. 삶을 지키려 애쓰는 사람들을 돈으로 약올리는 꼴이다.

우리는 재난 중에 있다. 함께였던 적이 드문 사회에서 함께하기 위해 애썼다. 재난 이전으로 돌아가기 위해서가 아니라 재난 이후로 나아가기 위해서였다. 정부는 다시금 백신접종률 높이기에만 열중하면 안 된다. 한국은 이미 높은 백신접종률을 기록하고 있다. 전지구적 백신불평등을 외면한 결과는 오미크론이 경고하고 있다. 18세 이상 인구집단 전체의 추가접종 유도보다 오히려 백신 지원을 검토할 때다. 학교 운영 방침이 오락가락할 때의 부담에 더해 재택치료가 원칙이 되면서 생길 부담까지 여성에게 떠넘겨지는 젠더불평등도 의제에 올려야 한다. 지금껏 그래왔듯 우리는 재난 이후의 시간을 함께 만들기를 원한다.

대통령은 "최고의 신"들만 보여주는 영화관에서 나오시라. 대통령이 되겠다는 이들은 재난을 직면하시라. 상갓집 근처에서 자기들 싸움에 바빠 신경 긁는 일이라도 자중하시라. 하루 사망자가 100명을 넘기도 한다. 제발 우리가 상(喪) 중인 건 잊지 말자.

　　　　　　　　　　　　　－ 미루(인권운동사랑방 상임활동가), 〈경향신문〉 2021.12.28.

위의 칼럼은 코로나 시국에 발생한 사회적 불평등 현상을 지은이 나름대로의 시각으로 풀어낸 글이다. 겉으로는 드러나지 않았던 우리 사회의 문제들을 독자에게 환기시키고 주의를 끈다는 점만으로도 이런 글들은 의미가 있다 할 것이다. 칼럼은 지은이의 개성과 목소리가 잘 드러나는 글이기 때문에 제목 역시 딱딱하기보다는 자유롭고 분방한 것들이 많다. 위 칼럼의 제목 역시 영화의 제목을 활용하여 지금의 세태를 꼬집고 있다.

다음은 신문의 사설이다. 칼럼에 비해 사설은 보다 강한 어조로 공론화되는 내용을 다룬다. 사설은 신문사의 전체적인 기조를 바탕으로 중요한 이슈들에 대해 강력하게 주장하고 의견을 내는 글이다. 아래의 사설을 통해 비평적 글쓰기가 가진 힘을 생각해 보자.

'군함도' 약속 어긴 일본의 '사도' 문화유산 추진 뻔뻔하다

일본 정부가 일제강점기에 조선인들을 강제노역에 동원했던 니가타현 '사도 광산'을 유네스코 세계문화유산 등재 추천을 위한 후보로 28일 선정했다. 일본 정부는 2015년 '하시마'(군함도)를 문화유산에 등재하면서 강제동원의 역사를 알리겠다고 약속해놓고도 아직까지 지키지 않고 있다. 이런 상황에서 또다시 강제동원의 역사 현장을 문화유산으로 등재하겠다고 하는 건 참으로 후안무치한 일이 아닐 수 없다.

사도광산은 태평양전쟁 당시 금·구리·철 등 전쟁 물자를 조달하는 광산으로 활용됐다. 행정안전부 산하 '일제 강제동원 피해자 지원재단'의 보고서는 1939년부터 1942년까지 조선인 1200명이 강제로 동원됐고, 가혹한 노역으로 탈출이 잇따랐으며 붙잡히면 폭행을 당했다고 기록하고 있다.

일본 정부는 2015년 7월 군함도를 포함한 '메이지 일본의 산업혁명 유산' 23곳을 세계문화유산으로 등재하면서 "1940년대 한국인 등이 '자기 의사에 반해' 동원되어 '강제로 노역'했던 일이 있었다. 희생자를 기리기 위해 인포메이션 센터 설치 등의 조치를 하겠다"고 국제사회에 약속했다. 하지만 지난해 문을 연 '산업유산 정보센터'는 반대로 "조선인에 대한 차별이 없었다"는 등 역사를 왜곡하는 내용들로 채워졌고, 유네스코는 지난 7월 일본 정부에 약속을 충실히 이행할 것을 촉구하는 결의문까지 채택했다. 군함도의 역사 왜곡을 시정하지 않고 있는 일본이 사도광산의 문화유산 등재에 나선 것은 국제사회에 대한 명백한 도전이라 할 수 있다. 또 니가타현 등은 일본 문화청에 제출한 자료에서 문화유산 등재 대상 기간에서 일제강점기를 제외했다. 강제동원 역사를 숨기려는 '꼼수'로 볼 수밖에 없다.

우리 외교부는 "본인의 의사에 반하여 강제로 노역이 이루어진 장소가 이에 대한 충분한 서술 없이 유네스코 세계유산으로 등재되지 않도록 유네스코 등 국제사회와 함께 단호히 대응해 나갈 것"이라며, 일본 정부에 문화유산 후보 선정을 즉각 철회하라고 촉구했다. 정부는 사도광산이 세계유산으로 부적합한 이유와 일제강점기 강제노역의 역사를 제대로 알리는 외교를 적극적으로 펼쳐나가야 할 것이다. 한-일 관계가 가뜩이나 악화된 상황에서 사도광산 등재를 둘러싸고 '제2의 군함도 사태'가 벌어진다면 양국 관계 개선은 더욱더 멀어질 것이라는 점을 일본 정부는 명심하기 바란다.

〈한겨레신문〉, 2021.12.29.

위 글은 일본 정부의 사도광산 문화유산 후보 철회를 촉구하는 사설이다. 앞선 칼럼에 비해 논조도 강하고 보다 사실적이며 논리적인 접근을 하고 있다. 그러다보니 글은 다소 딱딱하고 진지하며 제목도 그 주제 의식을 확실하게 표출한다. 사설은 가치중립적이기보다 신문사나 민의에 따라 강력하게 주장을 펼치는 글이다. 칼럼과 사설을 비교해보며 시사적인 글쓰기가 가진 매력과 효능에 관해 생각해보자.

* 위의 두 글을 읽고 여러분도 주위의 문제들에 대한 고민과 성찰, 주장을 드러내는 시사적인 글쓰기에 도전해보자.

2 서평

 서평이란 책을 읽고 난 후의 감상과 평가를 쓰는 에세이 형식의 글에 해당한다. 이 서평을 쓰기 위해서는 우선 책을 읽는 행위가 전제되어야 한다. 대학생활에서 책을 읽는 행위는 단순히 지식을 습득하는 차원을 넘어 우리가 몸소 접하기 어려운 사상, 삶, 일상, 철학 등에 관한 것들을 성찰할 수 있게 해주는 소중한 간접체험과 같다. 우리는 독서를 통해 책에 '참여하는' 과정을 경험하고, 스스로의 주체성을 확인하는 훈련을 할 수 있다.

 책읽기를 통해 얻은 여러 가지 생각을 갈무리하는 것 중에 하나가 바로 서평 쓰기라 하겠다. 서평 쓰기는 책에서 읽은 것을 다시 성찰하고 동시에 자신의 생각을 드러내어 다른 사람들과 소통하려는 행위이다. 독후감이 주관적인 느낌을 중심으로 서술하는 개인적인 글인 반면, 서평은 이러한 감상을 객관화하여 사회·문화적 맥락에서 공론화하는 글이다. 서평의 목적은 책 자체에 대한 평가이지만, 같은 책을 다룬 서평들이 대상을 동일하게 해석하지는 않는다. 대상을 이해하는 방식은 사람마다 다르며, 같은 책을 평가하더라도 무엇을 그 책의 중심 요소로 파악하느냐에 따라 해석은 달라진다.

1) 서평의 구성

① 처음 - 책이 나오게 된 배경, 책이 문제 삼는 내용, 책이 제기하는 핵심 주장 등을 언급한 후, 그에 대한 서평자 자신의 주관적 판단과 기준을 제시하고 앞으로 어떻게 글을 전개할 것인지 밝힌다.

② 중간 - 책의 구성과 내용을 일관된 기준과 논리적 순서에 따라 설명한다. 일정한 기준과 순서를 토대로 전편에 걸쳐 지속되는 저자의 입장을 분석하고 그에 대해 평가한다. 평가는 내용 이후 바로 이어질 수도 있고 마무리에서 종합적으로 정리해도 무방하다.

③ 끝 - 사회, 문화적 맥락에서 책이 지닌 의의와 한계를 점검하고, 앞으로의 전망을 정리한다.

2) 서평을 쓸 때 주의할 점

① 서평을 전제로 책을 읽을 때에는 창조적인 책 읽기를 해야 한다. 책에 씌어 있는 내용을 수용하되 저자의 견해, 생각에 의문을 품고 질문하며 대화하는 자세로 읽어야 한다.

② 서평은 글쓴이의 평가와 책에 관한 여러 가지 사실이 섞여 있는 글이라, 책의 내용과 자신의 의견을 명확하게 나누어 쓰도록 주의한다.

③ 자신의 생각을 갖추기 전에 타인의 서평이나 해설을 보는 것은 좋지 않다. 책을 읽으면서 미리 표제를 붙여 메모를 해두는 것도 좋은데, 글의 길이가 긴 책일 경우에는 절이나 장마다 내용을 요약, 정리하면 좋다. 질문이나 새로운 아이디어가 떠오르면 그때마다 적어두는 것도 도움이 된다.

④ 지금까지 언급한 것과 같은 과정을 거쳤다면, 서평의 형식에 맞추느라 너무 고민하지 말고 자신의 개성적인 생각과 하고 싶은 이야기를 마음껏 쓰면 된다.

그늘의 덕을 널리 베푸는 큰 나무같은 '바보'
성석제의 〈황만근은 이렇게 말했다〉

황만근이라. 딱 봐도 좀 연식이 들어 보이는 이름이지? 뭔지 모르지만 우직하고 믿음직스러울 것 같기도 하고. 자, 그럼 오늘의 주인공 〈황만근은 이렇게 말했다〉의 황만근이 어떤 사람인지부터 살펴볼까. 그는 요즘 말로 동네 '바보 형' 정도 되는, 살짝 인지능력이 떨어지는 지적 장애인이라 할 수 있어. 조그마한 시골 황 씨 집성촌인 신대리에 사는 황만근은 우여곡절 끝에 어머니 뱃속에서부터 발을 붙이게 되고 근근이 살아가지.

일대기 형식으로 이루어진 이 소설은 〈황만근전〉이라 해도 괜찮을 정도의 고소설 형식과 입담을 담고 있어. 이문구의 〈유자소전〉에서도 봤듯이 이러한 형식은 한 인물의 삶을 시간 순으로 그릴뿐 아니라 그 인물의 특색과 됨됨이를 입체적으로 드러내는 데 아주 적합하지. 이문구의 소설이 다소 유장하고 고색창연하였다면 성석제의 이 소설은 그보다 훨씬 가뿐하고 명랑 쾌활해서 여러분도 아주 편하게 읽기 쉬울 듯 해. 성석제 특유의 풍자와 해학, 웃음도 묻어나고 있어 더욱 그렇지. 성석제는 〈그곳에는 어처구니들이 산다〉로 등단한 이후 걸쭉한 입담과 재치 있는 문장으로 독자들을 끌어들이는 작가란다. 이문구에서 성석제로 대표되는 이런 풍자와 입담은 최근 젊은 작가 이기호로 이어지고 있어. 옛 전통과 현대적 감각이 가미된 이런 소설들은 우리 소설의 판을 풍요롭게 할뿐더러 나름의 소설적 서사를 지닌다는 점에서 소중해.

소설은 "황만근이 없어졌다"로 시작돼. 그러면서 황만근이 동네에서 어떤 존재였는지 윤곽이 드러나. 그는 우선 일을 열심히 하고, 홀어머니와 하나뿐인 아들을 살뜰히 챙겨. 동네의 험한 일을 마다하지 않을 뿐 아니라 자기 농사도 성실하게 꾸려가지. 여기에 대단한 술꾼이란 점도 빠질 수 없고. 근데 이 소설을 읽다 보니 자꾸 불편한 마음이 생기는 것은 왜일까? 가끔 신문이나 뉴스에 오르내리는 기사들이 떠올라서일까? 지적 장애인을 보호자라는 명목 하에 학대나 방치를 하고 값싸게 노동을 시키며 겨우겨우 연명할 정도의 먹을 것과 잠자리를 제공하여 충격을 준 이런저런 옳지 못한 사건들. 이런 기사를 접하면 우리나라가 여전히 장애인에 대한 인식이 턱없이 부족하고 제대로 된 보호나 복지제도를 마련하지 못했다는 사실을 뼈저리게 깨닫게 돼. 더구나 이것을 악용하여 그들을 마음대로 부리는 사람들이 법망을 피해 벌도 받지 않는 것을 보면 화가 치밀어 오르는 것은 당연지사.

소설 속의 황만근은 마을의 궂은일을 도맡아 하지만 "그런 일에 대한 대가는 없거나(동네일인 경우), 반값이거나(다른 사람의 농사일을 하는 경우), 제값이면(경운기와 함께 하는 경우) 공치사가 따랐"다고 하니, 사실 그의 노동은 제값을 못 받는 경우가 태반이었던 거야. 더구나 그의 어머니는 어찌 된 일인지 손 하나 꼼짝 안 하고 아들의 밥을 받아먹고, 어찌해서 생긴 아들 녀석 역시 황만근이 모셔야 할 대상으로 그려져. 화 한 번 안 내고 그야말로 바보같이 일만 하는 황만근이 지금 선생님 눈에는 피해자로 보이니 말이야. 이 소설의 의도와는 다르지만 가끔 이렇게 삐딱하게 보는 것도 필요하다고!

물론 작가는 그런 생각으로 황만근을 그려낸 것은 아닐 거야. 황만근은 잘났다고 떠들어대는 약

삭빠르고 제 잇속 챙기는 이들과는 다른, 어쩌면 지금 이 시대가 점차 잃어가고 있는 그런 전근대적이지만 정의롭고, 뿌린 대로 거두는 정직한 사람을 그리워하며 만들어낸 그런 사람이지 않을까 싶어. 〈포레스트 검프〉라고, 톰 행크스가 주연으로 등장하는 1994년 만들어진 영화가 떠오르네. 주인공인 포레스트 검프도 지적 장애가 있게 나오는데 그럼에도 역사의 중요한 현장마다, 또 자신의 마음이 가는 대로 정직하게 사는 너무나도 멋진 사람으로 나온단다. 알아주지 않아도 묵묵히 순수하게 빛나는 마음을 가진 큰 바위 얼굴 같은 사람 말야. 스스로를 바보라 칭했던 고 김수환 추기경은 잠언에서 이렇게 말하기도 했어. "바보한테는 도무지 속아 넘어가는 사람이 없어서 바보는 아예 거짓이 없고요 바보한테 뭐든 빼앗길 사람 또한 없어서 바보는 남의 것 탐내지도 않아요". 그 누구보다 낮은 삶을 살았던, 그러나 그러기에 더 영광스러웠던 그의 삶은 말 그대로 '거룩한 바보'의 표본이었다고 할 수 있겠지. 지금 우리에게 이러한 소중한 존재들이 있을까.

여하튼 황만근도 위와 같은 의미에서의 '바보'로 그려져. 하지만 그렇다고 황만근이 그렇게 근사하고 거룩하게 그려지지 않는다는 데 이 소설의 웃음이 있지. 황만근이 도대체가 씻지도 않고 그야말로 더럽게 더럽다는 것, 그래서 냄새가 폴 폴 나서 주변인들을 질색하게 만들고 술을 억만으로 마시는 고주망태라는 사실. 이제 황만근이라는 사람의 실체가 어느 정도 그려지지? 그런 황만근이 어찌어찌해서 경운기로 궐기대회에 나갔다가 사고를 당해 영영 집에 못 돌아오고 그제야 마을 사람들과 주변인들은 황만근의 부재를 실감하지. 부재하고 나서야 그 존재감을 깊숙이 알게 되는 그 모순. 이는 우리 주변의 모든 소중한 존재, 아마도 부모나 가족 혹은 늘 곁에 있어 소중한 줄 모르는 것들에서야 느껴지는 마음이겠지.

우리도 혹시 어쩌면 너무 가까이 있어서, 흔해서, 부르면 금방 손닿을 거리에 있어서 무심히 지나치는 존재들을 한번 정도는 돌아봐야 하지 않을까 싶네. 이렇게 우리의 곁을 황망히 떠난 황만근을, 그 마을 사람이 아니었기에 보다 객관적으로 바라볼 수 있었던 민 씨의 추도사는 황만근의 삶 뿐 아니라 다른 이를 짓밟고 경쟁의 대상으로 생각하고 오로지 자신만의 이익을 도모하는 우리들의 삶도 돌아보게 하는 듯하네. 어쩌면 세상은 이런 사람들이 더 많아져야 하지 않을까 하는, 그리고 보이지 않는 곳에서 이렇게 살고 있는 사람들로 인해 그나마 우리가 이러구러 살아가는 것은 아닐까 하는 생각이 들어. 자연의 순리와 인간의 선한 마음을 잃지 않고 살아간다는 것은 이 각박한 세상에서 바보가 되지 않으면 안 되는 일일지도 모른다는 생각도 덧붙여서 말이야. 민 씨의 추도사 마지막 부분을 다시 읊으며 그의 가는 길을 애도해 보자고.

어느 누구도 알아주지 아니하고 감탄하지 않는 삶이었지만 선생은 깊고 그윽한 경지를 이루었다. 보라. 남의 비웃음을 받으며 살면서도 비루하지 아니하고 홀로 할 바를 이루어 초지를 일관하니 이 어찌 하늘이 낸 사람이라 아니할 수 있겠는가. 이 어찌 하늘이 내고 땅이 일으켜세운 사람이 아니랴.

– 오혜진, 〈독서평설〉, 2019.

4 기획서(PBL) 및 협동 글쓰기

1 기획서(PBL)

최근 여러 수업에서는 프레젠테이션이나 PBL(Problem based learning) 형식의 수업이 많이 진행되고 있다. PBL 수업은 problem(혹은 project) based learning의 줄임말로 정해진 과제나 프로젝트를 조나 팀이 맡아 해결 방법을 찾고 만들어내는 과정과 그것을 프레젠테이션하는, 학생 중심의 문제해결 방식의 수업 형태를 일컫는다. 이때 대부분 모둠 활동을 통해 내용을 함께 구성하고 만드는 협동 글쓰기가 이루어진다. 따라서 모둠 활동을 통해 각기 다른 의견을 조율하고 논의해가면서 하나의 목적을 완성하기 위한 협동심과 배려가 특히 요구된다. 대학 수업은 협동 글쓰기가 많은 편이다. 그렇다면 PBL 수업을 위한 기획서를 같이 만들어보며 협동 글쓰기에 익숙해져 보자. 우선 PBL 수업의 모형을 간단하게 제시해보았다.

차수	PBL 수업	주요 활동	교수활동	비고
1	사전활동	학습목표설정 PBL 활용 글쓰기 수업의 이해	PBL 수업 강의 PBL 연습문제 제시	모둠원들과 친해지기
	문제 제시	모둠 구성과 브레인스토밍을 통한 다양한 문제 제시 여러 문제 중에 한 가지 문제 선택 선택한 문제에 따른 자료 정리		
2	계획 수립 및 자료 수집	문제 확인 하위 항목 정하기/ 과제 수행계획서 작성 모둠별 토론과 대안 조정	주제설정 방식 강의 과제수행계획서 설명	학생 개인별로 문제 해결 제출 자료 준비

3	대안 마련	자료 종합과 분석 모둠별 개요 작성 프레젠테이션 발표 계획	자료 수집 강의 개요 작성방식 강의 모둠별 개요 설명	
*	글쓰기	개별 글쓰기		글 제출
4	결과 발표	프레젠테이션 발표 모둠별 평가	프레젠테이션 발표 피드백	
5	성찰과 평가	모둠원과 자기 학습 평가 성찰일지 작성	성찰일기 피드백 및 전체적인 마무리	개별 글 완성하기

위의 표는 하나의 모형이기 때문에 교수자와 학습자 간의 상황에 따라 달라질 수 있다. 위 표에 따랐을 경우 각 차수별로 필요한 사항을 보다 자세히 살펴보자.

① 1차수

우선 모둠을 구성하고 구성원 간의 브레인스토밍이나 다양한 아이디어 제시를 통해 각 모둠별로 하나의 문제를 만들어보자. 이 때 문제는 가능하면 해결 가능하고 구체적인 내용으로 만드는 것이 중요하다. PBL 수업은 학생들의 능동적인 참여와 수행 능력을 기르기 위한 형식이기 때문에 자발적이면서도 즐거운 분위기를 만드는 것도 중요하다.

⌣ PBL 문제의 예시

문제 1 1학년 학생들은 학교, 단과대, 학과의 오리엔테이션을 치르고 선배들도 만나 이야기도 들었지만 그럼에도 대학생활 적응에 어려움이 따른다. 중고등학교 시절과는 여러 가지 면에서 달라진 학사 일정과 대인관계, 시간의 활용 등이 쉽지만은 않다. 그렇다면 지금 신입생으로 당면한 문제가 무엇이고, 대학생활을 해나가는 데 있어 가장 중요한 문제가 무엇인지를 고민하지 않을 수 없다. 그래서 '우리들의 멋진 대학생활을 위한 제안'을 프레젠테이션으로 만들어보고 각자의 글도 써보자.

문제 2 빠르게 변해가는 현실 속에서 최근 가장 화두가 되고 있는 것은 인공지능이다. 현재 우리의 삶 속에서도 인공지능에 의해 이루어지는 것이 눈에 띄게 늘고 있는 현실이다. 인공지능에 대해 사람들은 막연한 불안과 동시에 장미 빛깔 희망을 품고 있다. 앞으로 우리가 살아갈 현실은 싫건 좋건 인공지능으로 많은 것이 달라질 것이다. 그렇다면 지금 이 시점에서 우리는 인공지능에 대해 어떤 식으로 대처를 해야 하는지 고민이 필요하다. 그에 따라 '인공지능이란 것이 과연 무엇이고, 지금은 어디까지 와 있으며 대처는 어찌 해야 하는지에 대한 제안'을 프레젠테이션으로 만들어보고 각자의 글도 써보자.

② 2차수

정해진 문제에 따라 세부적인 내용을 모둠별로 이야기 나누면서 결정하고 과제 수행 계획서를 작성한다. 이 과제 수행 계획서가 곧 PBL의 기초가 된다 할 것이다. 따라서 모둠원 간의 충분한 대화와 토론을 통해 이루어질 필요가 있다. 다음은 과제수행계획서의 예시이다.

과제수행계획서 예시

PBL문제	안락사		모둠명	안락과 고통 그 사이조
모둠원이름			날짜	
자유롭게 생각하기	안락사가 과연 사회적으로 득일지 의문이다. 안락사가 선택의 자유인가. 동물의 생명권을 생각해야 한다. 생명이 얼마 남지 않은 생명체가 진정으로 안락사를 원하는가. 안락사가 과연 좋은 결과만을 가져오는 것인가. 안락사가 과연 동물만의 일인가. 우리 사회가 안락사를 허용해야 하는가.			
알고 있는 사실 정리하기	현재 한국에서 안락사는 불법이다. 안락사는 생명체에 죽음을 인위적으로 앞당기는 것이다. 자의적 안락사와 타의적 안락사가 있다. 안락사를 시행한 동물보호단체가 있다. 안락사는 생명이 가지고 있는 존엄성을 훼손한다. 안락사는 "적극적인 안락사"와 "소극적인 안락사"가 있는데 적극적인 안락사는 "사람이 죽는 것을 돕는 것"인 반면 소극적인 안락사는 "죽어가는 사람을 돕는 것".			
공부해야 할 과제 설정하기	각 국가별 안락사 시행 예시 안락사가 사회에 미칠 영향 인간 안락사의 예시/안락사 인정 사례 안락사가 악용될 수 있는 가능성 안락사의 필요성 안락사가 허용될 경우 비용 안락사가 가지는 도덕적인 문제들			
앞으로의 실천계획 수립하기	안락사 토론영상 시청 안락사의 역사적 예시 자료 참고하기 안락사의 종류와 그 시행 나라 알아보기 안락사가 악용된 예시 찾아보기 안락사 관련 법 알아보기 안락사에 대한 인터뷰 찾아보기 존엄사의 장점 찾기			

③ 3차수

각자 과제 해결을 위해 준비한 자료를 읽고 검토, 분석한 후 프레젠테이션을 위한 내용을 짜고 개요서를 작성한다. PBL은 어떠한 문제에 대한 해결책을 제시하는 내용이기 때문에 본론과 결론에서 다양하고 자유로운 해결안이 마련되어야 한다. PBL의 내용 흐름은 서론에서 문제제기를 하고 본론, 결론으로 이어지는 일반 글쓰기와 크게 다르지 않다. 그럼에도 시각적 자료를 통해 발표가 이루어지기 때문에 도표나 그래프 등도 적절하게 들어가야 하며 이미지, 사진 등도 고려할 필요가 있다. 이러한 내용을 담아 개요를 꼼꼼하게 만들어본다. 다음은 학생들이 여러 논의와 토론을 거친 후 작성한 개요 예시이다.

개요 예시

PBL문제	일회용품 사용 줄이자	모둠명	일회용품 그만써조
모둠원이름		날짜	
제목	양날의 검, 일회용품		
주제문	일회용품이 환경에 미치는 영향을 거시적, 미시적으로 알아본다.		
구분	내용		
서론	일회용품으로 인하여 피해를 입은 생태계의 모습을 영상 및 사진으로 보여줌으로써 발표를 듣는 청자의 흥미 유발하기. 코로나 이전과 이후를 일회용품 사용량의 증가와 관련지어 비교 및 설명함으로써 일회용품 사용량의 급격한 증가라는 화두 던지기. 일회용품을 양날의 검에 비유한 이유 풀어내기. 일회용품이 환경에 미치는 악영향 간단히 나열하기 본론에 나올 내용들의 차례 예고하기.		
본론	코로나로 인하여 생산 및 소비량이 급격히 증가한 마스크 등 다양한 일회용품이 썩는 데 걸리는 시간을 수치화함으로써 직관적으로 심각성 드러내기. 소비를 유도하는 기업의 위장환경마케팅 문제 제시하기. 일회용품이 개인, 사회, 생태계적으로 미치는 악영향 제시하기. 제대로 처리되지 않은 일회용품의 잔해가 생태계에 미치는 악영향 보여주기.(미세 플라스틱이 돌고 돌아 다시 우리가 섭취하는 것 등) 위의 문제점들에도 불구하고 일회용품 사용을 전면 중단하기 어렵다는 딜레마 제시하기.		
결론	일회용품의 문제점을 해결하기 위하여 개인이 일상에서 행할 수 있는 노력들 제시하기. 과다한 일회용품 사용과 환경 파괴를 줄이기 위한 국가적, 제도적 노력 제시하기. 일회용품을 대체할 수 있는 예시와 친환경적인 기업 소개하기. 일회용품을 친환경적으로 분해할 수 있는 방법들 알아보기.		

모둠별 개요를 작성하면서 문제에 맞추어 개별 글쓰기도 준비한다. 이 내용을 바탕으로 프레젠테이션을 만들고 발표를 준비한다.

④ 4차수

각 모둠별로 준비한 프레젠테이션을 한다. 다른 모둠 학생들은 그에 대해 평가와 질문을 한다. '모둠발표평가서'는 준비도, 이해도, 발표 분야로 나누어 점수화하고 질문과 총평을 통해 정리할 수 있도록 한다. 그리고 교수의 피드백은 프레젠테이션 발표가 마무리된 후 종합·정리의 차원에서 이루어진다. 다음은 모둠발표평가서의 양식이다.

평가서

발표모둠		평가자 이름 :				
PBL 주제						
준비	PBL 문제제기가 합당한가?	5	4	3	2	1
	다양한 자료를 수집, 분석하였는가?					
	모둠원 간의 조화나 협동이 잘 이루어졌는가?					
이해	PBL의 내용이나 구성이 알찼는가?	5	4	3	2	1
	타당하고 논리적인 해결책이 제시되었는가?					
	유익하고 새로운 정보들이 주어졌는가?					
발표	화면 구성이 적합하고 보기 좋았는가?	5	4	3	2	1
	쉽고 편안하게 내용이 전달되었는가?					
	적극적이고 성실한 발표가 이루어졌는가?					

질문 :

총평 :

⑤ 5차수

프레젠테이션에 관해 모둠별로 성찰과 수정의 시간을 가지고 각자의 글을 완성한다. 아래는 성찰일지 양식이다.

PBL문제		모둠	
학과/ 이름		날짜	

1. 이번 활동을 통해서 새롭게 알게 된 것이 무엇인지 자세히 쓰십시오.

2. 여러분이 학습한 과정에 대해 자세히 기술하세요.

3. 혼자 공부하는 것에 비해 모둠원과 함께 문제를 해결하는 과정이 어땠나요? 흥미로웠던 혹은 힘들었던 점을 자유롭게 써보세요.

4. 문제해결 시 여러분이 모둠에서 기여한 것이나 역할을 적어봅시다.

5. PBL글쓰기 수업이 여러분의 대학생활에 어떠한 역할을 할 것이라 생각하나요?

6. 이번 수업을 하고 난 후 여러분의 느낌을 자유롭게 써봅시다.

* 최미진, 「PBL을 활용한 대학 글쓰기의 실제」, 『현대문학이론연구』제67집, 2016, p.430 참조.

프레젠테이션(Presentation)은 전달하고자 하는 내용을 파워포인트나 프레지(prezi) 프로그램을 이용해 청중에게 전달하는 발표를 말한다. PBL을 구성한 후 프레젠테이션을 멋지게 실현하는 과정도 무척이나 중요하다. 프레젠테이션 슬라이드에 표시되는 모든 글은 한글맞춤법과 표준어 규정에 맞게끔 제작해야 한다. 이럴 경우에도 청중의 수준을 고려해서 이미지의 사용 빈도도 조절해야 하며, 자신이 의도한 바에 적합한 데이터만을 간략하게 보여줘야 한다. 도표나 통계자료 등등 객관성이 확보된 자료를 첨부하는 것도 효과적이다.

면접, 공모전, 학교 수업, 회사생활에 이르기까지 프레젠테이션은 널리 쓰이고 있는 발표 방식이다. 프레젠테이션을 실시하는 자리는 대체적으로 공적인 때가 많기 때문에, 발표를 할 때에도 여러 가지를 신경써야 한다. 예를 들어서 옷차림이나 목소리, 억양과 제스처, 청중의 반응과 표정을 살피면서 최대한 소통할 수 있는 방안을 모색해야 하고 그때그때 분위기에 맞추는 융통성도 발휘해야 한다.

프레젠테이션의 종류에는 정보전달, 설득, 내용(사실) 보고 등이 있다. 따라서 어떠한 프레젠테이션을 작성하느냐에 따라 내용구성 및 디자인 레이아웃 등은 다양하게 설정될 수가 있는데, 그럼에도 몇 가지 주의해야 할 사항들은 있다. 첫 번째 가급적 통일된 형식을 취하는 것이 좋다. 예를 들어 단어의 크기, 문장 구조, 디자인 등을 통일하면 가독성이 높아진다. 두 번째로는 최대한 한 화면에 많은 내용을 담지 말아야 한다. 가급적 6줄이나 7줄 이내에 내용을 작성하는 것이 적당하다. 세 번째 정확한 어휘를 사용해야 하고, 데이터나 통계자료도 객관성이 확보된 것만을 가져와서 제시하는 것이 좋다. 네 번째 문장은 명사형(신문의 헤드라인처럼)으로 끝내고, 단문을 사용한다. 마지막으로 필요에 따라 도표나 사진 등의 이미지를 활용하면 청중의 지루함을 없애는 데 효과적일 수 있다.

슬라이드를 작성할 때에도 내용이나 목적, 청중에 따라 어떻게 레이아웃을 할 것인지 결정해야 하고, 청중의 기억에 남을 키워드를 세 가지 정도 머리말에서 미리 제시해주는 것도 좋다. 프레젠테이션이 완성됐다면 반드시 한두 차례 리허설을 해보는 것이 중요하다. 동시에 프레젠테이션을 해야 하는 장소의 장비들을 전체적으로 점검하는 과정이 빠져서는 안될 것이다. 발표장소의 환경을 미리 파악하고 자신의 자세와 몸동작, 시선처리와 동선 등을 점검해야 한다. 특히 인터넷으로만 작동되는 프레지 프로그램을 사용할 때에는 인터넷이 잘 작동하는지 서버 문제가 없는지도 살펴야 한다. 발표 시에는 늘 예기치 못한 상황이 발생할 수 있다는 것을 염두에 두자. 그리고 시뮬레이션을 통해 청중과 어떤 식으로 소통할 것인지, 시선처리는 어떻게 할 것인지, 어느 시점에서 어떤 질문을 할 것인지, 청중의 호감도는 어떻게 측정할 것이며, 관심을 어떻게 이끌어낼 것인지 등등을 예측해보는 것도 필요하다. 발표자가 최대한 자연스러운 태도를 유지한다면 멋진 프레젠테이션을 해낼 수 있을 것이다.

- 강명혜 외,『창의적 글쓰기와 말하기』, 강원대학교 출판부, 2014.

- 강윤재,『세상을 바꾼 과학논쟁』, 궁리, 2011.

- 고종석,「성년의 문턱에 선 아들에게」,『한국일보』, 2004.02.11.

- 공주대학교 기초융합교육원 교재편찬위원회,『창의적 사고와 표현』, 공주대학교 출판부, 2015.

- 김남일,「아주 오래된 농담 3」,『책』, 문학동네, 2006.

- 김소정 기자,「공모전 휩쓴 '표절 달인' 손창현… 또 표절로 상 받았다」,『조선일보』, 2021.10.20.

- 김승섭,「낙태를 금지하면 벌어질 일들에 관하여」,『아픔이 길이 되려면』, 동아시아, 2017.

- 김영민,「"추석이란 무엇인가" 되물어라」,『경향신문』, 2018.09.21.

- 김찬호,「무엇을 위한 축제인가」,『사회를 보는 논리』, 문학과지성사, 2003.

- 미루 (인권운동사랑방 상임활동가),「영화관 옆 상가집」,『경향신문』, 2021.12.28.

- 박구용,「지는 것을 알아야 자유롭다」,『한겨레』, 2007.02.20.

- 배상복,『문장기술』, MBC씨앤아이, 2015(초판2004).

- 서경식,「죽음의 초상」,『청춘의 사신』, 김석희 옮김, 돌베개, 2002.

- 신형철,「폭력에 대한 감수성」,『슬픔을 공부하는 슬픔』, 한겨레출판, 2018.

- 심보선,「시 쓰기는 '말 만들기 놀이'」,『그쪽의 풍경은 환한가』, 문학동네, 2019.

- 안기수,『글쓰기』, 이회문화사, 2009.

- 안기수,『말과 의사소통』, 보고사, 2010.

- 오혜진,「그늘의 덕을 널리 베푸는 큰 나무같은 '바보'」,『독서평설』, 2019.

- 오혜진,『시대와의 감흥, 역사추리소설』, 역락, 2021.

- 유시민,『유시민의 글쓰기 특강』, 생각의길, 2013.

- 이윤기,「아탈리여, 그대가 옳다」,『시간의 눈금』, 열림원, 2005

- 이효석,「모밀꽃 필 무렵」,『한국소설대계:모밀꽃 필 무렵』, 두산동아, 1997.

- 장미영,『백지 공포증이 있는 대학생을 위한 글쓰기』, 북오션, 2010.

- 장진한 외,『글쓰기, 잘라서 읽으면 단숨에 통달한다』, 행담, 2003.

- 정재승,『열두 발자국』, 어크로스, 2018.

- 최미진,「PBL을 활용한 대학 글쓰기의 실제」,『현대문학이론연구』, 제67집, 한국문화이론학회, 2016.

- 최영미,『시대의 우울』, 창작과비평사, 1997.

- 캐롤 스트릭랜드,『클릭 서양미술사』, 김호경 옮김, 예경, 2013.

- 탁석산,『한국의 정체성』, 책세상, 2000.

- 황현산,「한글과 한자」,『밤이 선생이다』, 난다, 2013.